Oberholzer, Lässer
Ein Garten für Tiere

Alex Oberholzer und Lore Lässer

Ein Garten für Tiere

Erlebnisraum Naturgarten

99 Farbfotos
26 Zeichnungen

VERLAG
EUGEN
ULMER

Vorwort

Vor über dreissig Jahren liess ich mich von der Naturgarten-idee anstecken: Am Anfang war ein Weiher im eigenen Garten, eine Hecke folgte, und 1971 plante ich den Garten des Kantonalen Lehrerseminars in Solothurn, wo ich Biologie unterrichte. Es gelang mir, meine Ideen bei den Behörden durchzusetzen und auch die Verantwortung für die Pflege zu übernehmen.

Jahr für Jahr wachsen Erfahrungen und die Freude an dieser Arbeit, aber auch die Erkenntnis, dass Gärten Wohn- und Betätigungsräume für Menschen sind und deshalb nach ihren Bedürfnissen gestaltet werden müssen. Erfüllen wir sie mit Elementen des Naturgartens, holen wir gleichzeitig eine bunte Pflanzen- und Tierwelt in den Siedlungsraum, leisten also auch einen Naturschutzbeitrag.

Einen festen Platz in meiner Tätigkeit nehmen Vorträge zum Thema Naturgarten ein, aber auch Weiterbildungskurse für Lehrerinnen und Lehrer sowie Kindergärtnerinnen im ganzen deutschen Sprachraum und ein Lehrauftrag an der Ingenieurschule in Wädenswil, Schweiz (Kurs für naturnahe Garten- und Landschaftsgestaltung).

Dieses Buch entstand zusammen mit meiner Frau, Lore Lässer, die seit Jahren regen Anteil an meiner Arbeit nimmt und es als Sprachlehrerin versteht, meine, unsere Gedanken und Ideen in Worte zu fassen. Wir möchten mit diesem Buch Freude an der Natur wecken und Leserinnen und Leser ermuntern, sich intensiver mit Gartengestaltung auseinanderzusetzen, und ermutigen, den eigenen Garten in ein Paradies zu verwandeln.

Solothurn, Frühjahr 1997
Dr. Alex Oberholzer und Lore Lässer

Inhaltsverzeichnis

Totenkopfschweb-
fliege (siehe
Seite 55).

Schlagflora bringt Farbe in den Garten: Im Hochsommer ziert ihn das Schmalblättrige Weidenröschen.

7

8

Kleine Räume machen den Garten spannend. Die Umgestaltung erfolgte vor fünf Jahren.

9

Mein Garten – mein Paradies

Duftend, farbig, lebendig, romantisch, überraschend, veränderbar, verwunschen, sich wandelnd, wohnlich, nie gleich, blühend, absterbend, immer neu – ein Paradies für Erwachsene, Kinder, Schmetterlinge, Vögel, Igel ...
Unmöglich die Ansprüche aller zu erfüllen! – überhaupt nicht, vorausgesetzt wir sind offen; mutig, neue Wege zu gehen und vielleicht tiefwurzelnde Ängste und Gewohnheiten („Was sagen die Nachbarn?", „Man macht es doch so!") aufzugeben; frisch anzupacken; an einer Ecke zu beginnen; schrittweise zu verändern.
Wie werden Gärten angelegt und gepflegt, die klein und gross begeistern und erst noch einer mannigfaltigen Tierwelt Lebensraum bieten? Gärten mit einem geschützten Sitzplatz, mit Raum, wo sich Kinder austoben und verweilen können, mit Wegen zum Flanieren, einem Teich; Gärten, wo es flattert, zirpt und pfeift.
Bevor wir einen neuen Garten anlegen oder einen bestehenden umgestalten, werden wir uns klar, wie wir ihn benützen wollen: Im Nutzgarten eigenes Gemüse ziehen, im Garten essen, lesen und diskutieren, an einem Weiher und auf Blumen Tiere beobachten, Kinder in einer Spielecke in und mit Natur spielen lassen ...
Dann lassen wir uns einerseits von der Natur anregen und betrachten andererseits bestehende Gärten. Dabei überlegen wir, warum uns dieser oder jener Garten gefällt, welche Elemente uns besonders ansprechen und welche wir auf keinen Fall im eigenen Garten haben möchten. Eine solche Auseinandersetzung braucht Zeit.
Wem Planen Mühe bereitet und wer sich nicht entscheiden kann, wo welche Elemente verwirklicht werden sollen, wende sich an eine Fachperson. Noch ist es mancherorts

10

Der Wechsel im Jahreslauf zeigt die Vielfalt im kleinen Garten (300 m^2): Hügel mit Weidenhaus und Trockenmauer, Tümpel, Nutzgarten, Wiese, Rasen, im Hintergrund Baum, mit Sitzplatz und Sandanlage, im Vordergrund Sitzplatz an der Sonne.

Im Sommer ein üppiges Paradiesgärtlein – vielfältiger Lebens- und Betätigungsraum für Mensch und Tier (umgestaltet vor 2 Jahren).

schwierig, Fachleute für naturnahe Gartengestaltung zu finden. Naturschutzorganisationen oder Fachverbände wie in der Schweiz der *Verein für Naturnahe Garten- und Landschaftsgestaltung (VNG)* helfen weiter. Wer glaubt, eine Fachperson gefunden zu haben, besichtigt Gärten, die sie gestaltet hat. So sehen wir, ob die Person für uns in Frage kommt. Wir erwarten von ihr, dass sie uns Ideen liefert und hilft zu entscheiden, wo und wie welches Element angelegt werden soll. Lassen wir uns aber nicht Dinge aufschwatzen, die wir gar nicht wollen. Solche Beratungsgespräche kosten wiederum Zeit und auch Geld. Aber sie lohnen sich, denn Paradiesgärten sind nicht subito ab der Stange zu haben, und es gibt auch keine Standardausführung.

Können wir die Neu- oder Umgestaltung nicht selbst ausführen, beauftragen wir Fachleute oder legen dort, wo es uns möglich ist, unter Anleitung einer Fachperson selbst Hand an. Immer mehr Fachleute sind zu einer solchen Zusammenarbeit bereit, die nicht nur Geld spart, sondern eine enge Beziehung zum Garten schafft.

Wenn der Garten ge- oder umgestaltet ist, ist er noch lange nicht fertig. Jeder Garten wird sich anders entwickeln und

Sandanlage mit Röhren und Steinen, umgeben von Sträuchern – idealer Spielplatz für Kinder.

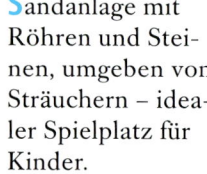

einen andern, besondern Charakter erhalten, der eine wilder, der andere gezähmter – je nach Art der Anlage und Pflege, die entscheidend ist. Auch ein konventioneller Garten kann sich zu einem reichhaltigen Naturgarten entwickeln, falls er naturnah gepflegt wird. Allerdings vergehen bis dahin Jahre.

Ein Naturgarten verlangt schonendes, überlegtes Eingreifen und sanfte Pflege, denn er ist dynamisch: Pflanzen wachsen im ersten Jahr dort, wo sie gesät oder gepflanzt worden sind, im nächsten oder übernächsten Jahr tauchen sie in einer ganz andern Ecke auf.

Ein Naturgarten bedeutet Wandel, von Jahreszeit zu Jahreszeit, von Jahr zu Jahr. Er überrascht uns immer wieder. Neue Pflanzen spriessen, andere verschwinden; Schmetterlinge flattern vorbei, Vögel nisten, ein Igel sucht nachts nach Leckerbissen …

Ein Naturgarten ist ein stetes Abenteuer: Je mehr wir uns mit ihm auseinandersetzen und mit ihm leben, desto mehr Kostbarkeiten entdecken wir, aus denen wir letztlich psychische Kraft für den Alltag schöpfen und uns so erholen.

Wir planen unseren Garten

Wir setzen uns in der Familie (Hausgarten) oder in einer Arbeitsgruppe (Blocksiedlung, öffentliche Anlage) mit den folgenden vier Fragen auseinander:

1. Wer benützt den Garten?
2. Was wünschen sich die BenützerInnen?
   - Einen Platz zum Sitzen, Grillen (Bräteln), Essen, Ruhen, Lesen
   - Biotope für Naturerlebnis
   - Nutz- und Kräutergarten
   - Gliederung durch Wege
   - Geborgenheit
   - Ruhe (Lärmschutz)
   - Verstecke und Spielecke für Kinder zum Bauen, Graben, mit Wasser spielen
3. Mit welchen naturnahen Elementen sollen die Wünsche der BenützerInnen erfüllt werden?
4. Wo im Garten soll welches Element angelegt werden?

13

Die sechsjährige
Naturoase in der
Blocksiedlung
bringt den Hunder-
ten von Bewohne-
rinnen und Bewoh-
nern Lebensquali-
tät.

Planen in einer Gruppe bedeutet mehr Ideen, Ansichten und
Wünsche einerseits, mehr Kritik anderseits. Deshalb werden
Fehlentscheide weitgehend vermieden, und der zukünftige
Garten deckt die Ansprüche der meisten Benützerinnen und
Benützer.

Biologische Grundlagen für Tiervielfalt

Mini-Zoo Brennessel

Wenn Ende März die Brennesseln spriessen, finden sich auch schon die ersten Besucher ein. Ein orangeroter Schmetterling flattert vorüber, setzt kurz ab, fliegt weg, kommt wieder ... Es ist der **Kleine Fuchs**, der als Schmetterling überwintert und sich zeigt, sobald die Tage wärmer werden, oft schon Ende Februar, Anfang März. Die Brennesseln locken ihn an. Immer wieder kehrt er zur selben Pflanze zurück, berührt mit dem Hinterleib die Unterseite eines Blattes, immer desselben. Warum wohl? Aha – der Schmetterling legt Eier. Nach etwa einer halben Stunde verschwindet er. Am Blatt haften an die hundert grüne millimetergrosse Eier. Je nach Temperatur schlüpfen nach ungefähr drei Wochen die schwarzen Räupchen mit dem gelben Doppelstreifen auf dem Rücken. Die Raupen leben gesellig und gefrässig in einem Gespinst auf ihrer Futterpflanze. Oft bleibt von dieser nur noch das Gerippe übrig, denn auf dem Speisezettel der Raupe des Kleinen Fuchses steht nur ein Gericht: die Brennessel!

Fehlt diese, fehlt auch der Kleine Fuchs. Nicht nur die Raupe des Kleinen Fuchses ernährt sich ausschliesslich von der Brennessel, sondern auch jene des Tagpfauenauges, des Landkärtchens, einiger Kleinschmetterlinge und Nachtfalter. Bei verschiedenen anderen Raupen attraktiver Tag- und Nachtfalter, unter anderem des Admirals, steht die Brennessel ebenfalls auf dem Menüplan, aber nicht exklusiv. Erstaunlich übrigens, dass die Raupen von der Brennessel nicht „gebrannt" werden wie wir Menschen und offensichtlich auch Säugetiere. Kühe machen einen Bogen um sie herum, so dass schliesslich auf einer kahlgefressenen Weide

15

Boten des Früh-
lings: Kleiner Fuchs
auf Huflattichblüte.

noch die Brennesseln verschmäht stehen. Die feinen Här-
chen der Brennessel sind nämlich mit einer ätzenden Flüssigkeit gefüllt. Werden sie berührt, bricht die Spitze ab, und
die Flüssigkeit fliesst wie aus einer Injektionsspritze unter
die Haut. Warum aber passiert den zarthäutigen Raupen
nichts? Ganz einfach! Die Raupen beissen die Haare am
Haarschaft durch. Diese fallen zu Boden, und das Tier kann
unbehelligt fressen.

Wie schützen sich die Raupen vor Feinden? Jene des Kleinen
Fuchses und des Tagpfauenauges leben in einem Gespinst
aus Seidenfäden. Spannender machen es die **Raupen des
Admirals** und einiger Kleinschmetterlinge. Die Admiral-
raupe spinnt das Blatt an den Rändern zu einem Tütchen
zusammen, die Raupen der Kleinschmetterlinge formen die
Blätter zu Röhren. Öffnen wir eine Tüte oder Röhre, dürfen
wir nicht enttäuscht sein, wenn statt einer Schmetterlings-
raupe eine Wanze oder Spinne drin sitzt: verlassene Röhren
oder Tütchen haben neue Mieter gefunden.

Nicht nur Schmetterlingsraupen gehören zu den Gästen der
Brennesseln. Schauen wir genauer hin. Zuerst scheint ein
Blatt wie das andere, das eine etwas kleiner, das andere
etwas grösser, das eine heller, das andere dunkler. Doch

16

halt! Da sind Löcher, lauter kleine Löcher; das Blatt ähnelt einem Sieb. Wer mag wohl dafür verantwortlich sein? Nichts zu sehen, auch auf der Rückseite des Blattes nicht. Das muss der **Schwarze Brennesselrüssler** *(Cidnorhinus quadrimaculatus)* sein. Der schwarze, knapp 3 mm lange Käfer lebt und frisst an der Unterseite des Blattes. Wird er gestört, lässt er sich blitzschnell zu Boden fallen. Darum ist es schwierig, ihn zu sehen und zu beobachten. Seine Frassspuren hingegen verraten ihn und zeigen, dass er vom Frühling bis zum Spätherbst zu den Bewohnern der Brennessel gehört. Auch er lebt ausschliesslich von und auf der Brennessel. Die Weibchen legen die Eier in die Wurzeln, die Larven fressen davon und verpuppen sich später im Boden.

Bei andern Blättern stechen helle Flächen in die Augen oder Linien, die kreuz und quer durchs Blatt führen. Bei genauerem Betrachten entpuppen auch sie sich als Frassspuren, und zwar hat hier die Larve einer **Minierfliege** *(Agromyza anthracina* oder *Agromyza reptans)* gewirkt. Die etwa 2 mm grossen Fliegen legen mit ihrem Legestachel die Eier meist ins Gewebe der Blattunterseite. Nach dem Schlüpfen frisst die Larve einen Gang durch die inneren Gewebeschichten des Blattes; die Hautschicht bleibt erhalten und schützt die Larve vor Räubern. So entsteht der Miniergang. Den Minierer zu entdecken ist schwierig, weil sich die Larve in nur vier Tagen entwickelt. Allein in Mitteleuropa gibt es

Gefrässige Gesellen auf ihrer Futterpflanze: Raupen des Kleines Fuchses auf der Brennessel.

Der Fruchtstand der Brennessel – Leckerbissen für den Erlenzeisig.

wenigstens 300 Arten Minierfliegen, und ihre Miniergänge unterscheiden sich beträchtlich. Nicht alle Minierfliegen legen die Eier auf die Brennesseln. Daher entdecken wir an den verschiedensten Pflanzen Miniergänge in immer wieder neuen Formen, die von der ungeheuren Vielfalt zeugen.

Am Stengel klebt ein schwärzliches Gebilde. Was ist das wohl? Eine Kolonie **Blattläuse**, die den Zuckersaft aus dem Stengel saugen. Auch bei den Blattläusen gibt es viele hundert Arten, die ähnlich wie Raupen auf eine oder mehrere Pflanzenarten spezialisiert sind, einige davon auf die Brennnessel, das heisst, sie ernähren sich ausschliesslich von deren Saft. Warum ist dies wichtig? Blattläuse gehören schliesslich nicht zu den geschätzten Insekten im Zier- und Nutzgarten. Tauchen sie auf, greifen wir rasch zum Vertilgungsmittel. Doch halt, die Natur ist nicht so einfach. Auch Blattläuse haben ihren Sinn. Sie bilden nämlich unter anderem die Hauptnahrung der **Marienkäfer**. – Rote oder orangefarbene mit schwarzen Punkten, schwarze mit roten Punkten, über 990 Arten „Glückskäfer" sind in Mitteleuropa heimisch, und die meisten vertilgen Blattläuse, und zwar in riesigen Mengen. Auch auf dem Speisezettel ihrer Larven stehen Blattläuse. Kein Wunder also, dass sie im Garten herzlich will-

18

Die Brennessel als Lebensraum.
1 Raupe des Admirals in Blattüte eingesponnen
2 Puppe des Kleinen Fuchses
3 Ohrwurm
4 Eier des Kleinen Fuchses
5 Frassspuren des Schwarzen Brennesselrüsslers
6 Miniergang einer Minierfliege
7 Marienkäfer
8 Beerenwanze
9 Marienkäferlarve
10 Krappenspinne packt Wanze

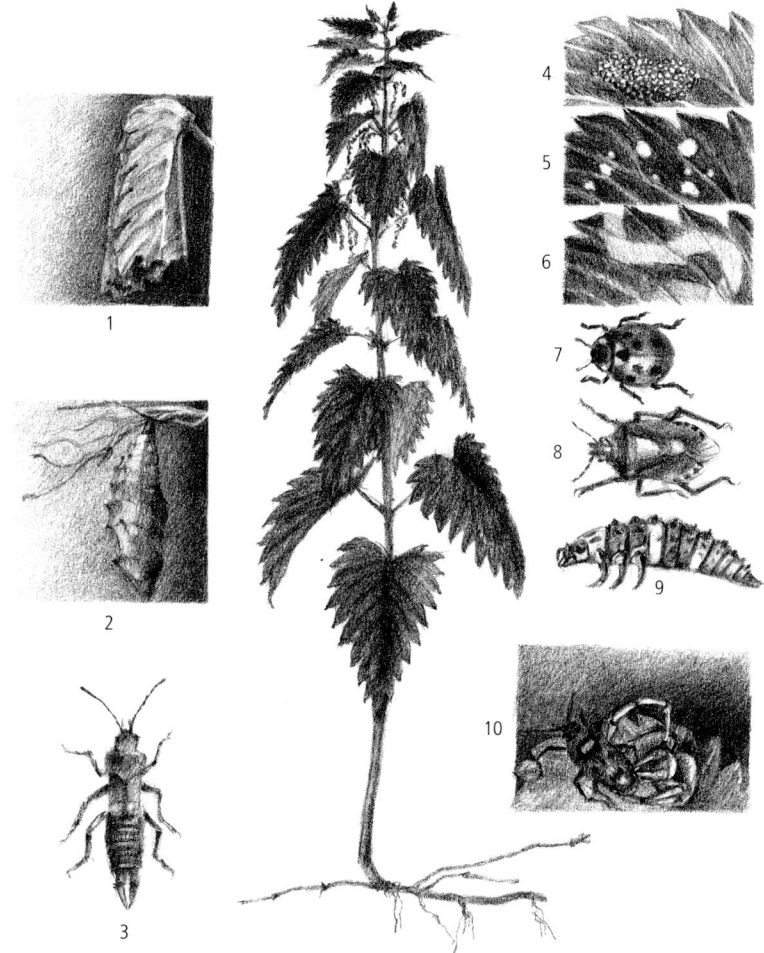

kommen sind. Marienkäfer überwintern in einem Winterquartier, sogar in Wohnungen. Nach dem Verlassen des Winterquartiers paaren sich die Käfer, und das Weibchen legt die Eier ab. Da die Brennesseln sehr bald spriessen und bereits früh Blattläuse anbieten, steuern Marienkäfer Brennesseln an. Das Weibchen legt nun die Eier in der Nähe einer Blattlauskolonie ab. Nach fünf bis zehn Tagen schlüpfen die Larven und finden einen reich gedeckten Tisch. Übrigens verzehren Marienkäferlarven je nach Art bis zu 150 Blattläuse am Tag! Je nach Temperatur sind die Larven in zehn bis 15 Tagen verpuppungsreif. Nach einer Puppenruhe von weiteren fünf bis zehn Tagen schlüpft der Käfer.

19

Die neue Generation Marienkäfer schwirrt nun aus und
sucht ergiebige Futterplätze. Inzwischen ist die Vegetation
weiter fortgeschritten, und auf verschiedensten Pflanzen befinden sich bereits Blattläuse. Da Marienkäfer nicht nur eine
Blattlausart fressen, sind sie auch nicht ausschliesslich auf
die Brennessel angewiesen. Sie räumen daher zur Freude
der Gärtnerinnen und Gärtner mit der Blattlausplage an
Zier- und Nutzpflanzen auf. „Pflanze Gemüse, das du ein-
kellern willst, in die Nähe von Brennesseln! So bleibt es von
Schädlingen verschont und lässt sich problemlos lagern."
Kein Wunder, dass vor dem Chemiezeitalter Gemüsegärtne-
rInnen diesen Rat gerne befolgten.

Die Marienkäfer sind bei weitem nicht die einzigen Nützlinge, die auf der Brennessel hinter Blattläusen her sind.
Einer tritt meistens erst in der Dämmerung auf: der **Ohrwurm**. Er macht vor allem den Blattläusen, aber auch Spinn-
milben und andern kleinen Schädlingen den Garaus. Ohrwürmer verstecken sich gerne in Baumrinden, krautigen

20

Pflanzen, in Hecken. Mit künstlichen Unterschlupfmöglichkeiten können wir sie dorthin locken, wo wir möchten, dass sie mit Ungeziefer aufräumen, zum Beispiel an die Obstbäume. Wir hängen mit Holzwolle gefüllte Blumentöpfe oder „Ohrwurmschlafsäcke" (im Handel erhältlich) auf. Wenn Ohrwürmer einziehen, freuen wir uns über das natürliche Schädlingsbekämpfungsmittel.

Je länger wir ein Brennesselbiotop beobachten, desto mehr Tierarten entdecken wir. Eine junge **Wanze** tut sich am Brennesselblatt gütlich. Schwupp – schon befindet sie sich in den Fängen der **Krabbenspinne**. Die Spinne hält ihr Opfer mit den langen Hinterbeinen fest und bohrt ihr Beisswerkzeug in den Hinterleib der Wanze. Die Wanze ist sofort gelähmt. Entrinnen unmöglich! Soeben ist die **Skorpionsfliege** gelandet. Was sucht sie auf der Brennessel? Den Honigtau der Blattläuse? Tote oder verletzte Insekten? Beides. Sie räumt mit toten oder angeschlagenen Insekten auf, verschmäht aber auch den Honigtau der Blattläuse nicht. Ihre Larven leben in Erdgängen und sind scharf auf Schneckeneier und tote Tiere.

Sobald die Brennessel Früchte trägt, stellen sich weitere Gäste ein, unter anderem die **Beerenwanze**. Sie jagt Insekten, und zur Nachspeise saugt sie an den Früchten. Die Tierwelt auf der Brennessel ist äusserst vielfältig und verändert sich je nach Futterangebot und Jahreszeit. Im Spätherbst, wenn die Blätter dürr sind und nur noch der Fruchtstand steht, entdeckt der **Erlenzeisig** das natürliche Futterbrett.

Mit diesem Einblick in den Mini-Zoo haben wir einige Gäste der Brennessel kennengelernt, allerdings nur eine winzige Auswahl, denn auf und von ihr leben Hunderte von Insekten und anderen Kleintieren. Nicht alle einheimischen Pflanzen beherbergen so viele Arten wie die Brennessel. Aber allgemein gilt: Pflanzenfressende Tiere ernähren sich von einheimischen Arten, und zwar jede Tierart von „ihrer" Pflanze oder „ihren" Pflanzen. Die Raupe des Kleinen Fuchses frisst ausschliesslich am Blatt der Brennessel, jene des Schwalbenschwanzes tut sich an der Wilden Möhre und anderen Doldenblütlern gütlich, die Raupen der Bläulinge

21

Himmelblauer Bläuling: Welcher Designer hat dieses Muster entworfen?

fressen an Schmetterlingsblütlern, zum Beispiel am Horn- und Wundklee. Was für Schmetterlingsraupen gilt, trifft auch für andere Insekten zu.

Insekten ziehen zudem Räuber an wie Marienkäfer, Spinnen und Wespen. Wenn im Mai-Juni unsere Singvögel ihre Jungen aufziehen, verfüttern sie eine Unmenge Kleintiere. An den einheimischen Pflanzen finden daher auch Vögel einen reich gedeckten Tisch.

Maxi-Zoo Hecke

Was Brennesseln als Lebensraum im kleinen bieten, bietet eine Hecke, falls naturnah angelegt und gepflegt, im grossen: Futterpflanzen, Wohnraum, Jagdrevier, Unterschlupf, Schutz vor Wind und Wetter, Sonnendeck, Winterquartier, Balzplatz …

Bereits im Februar-März blühen Hasel und Weiden. Sie offerieren den Frühlingsboten unter den Schmetterlingen und anderen Insekten Nektar und Pollen. Im April folgt der Schwarzdorn, und bis in den Juni hinein erfreuen uns immer wieder Blüten anderer Sträucher. Erst im September blüht der Nachzügler Efeu, der Wespen, Bienen, Schwebfliegen und besonders den späten Schmetterlingen gelegen kommt, weil nicht mehr viele einheimische Blumen blühen. Unzählige Insekten ernähren sich also bis weit in den Oktober hinein von Nektar und Pollen. Die Tabelle zeigt, wie sich die Blütezeiten der einzelnen Gehölzarten über die Frühjahrs- und Sommermonate verteilen:

– Die meisten einheimischen Gehölze blühen im Mai-Juni.
– Hasel und viele Weidenarten blühen schon im Februar-März.
– Efeu blüht im September-Oktober.
– Die meisten Gehölze blühen während ein bis drei Wochen.
– Faulbaum, Brombeeren und Efeu blühen während zwei bis drei Monaten.

Das Heckensortiment für den Hausgarten (Seite 160) enthält Gehölzarten, die von Februar-März bis Juli blühen und in dieser Zeit Insekten Pollen und Nektar anbieten.

22

Blütezeiten einiger einheimischer Gehölze
(zusammengestellt nach Beobachtungen 1995 im Garten des Lehrerseminars Solothurn, Schweiz)

Gehölzart	April	Mai	Juni	Juli	August
Schwarzdorn	▬				
Traubenkirsche	▬▬			
Traubenholunder		▬▬			
Wolliger Schneeball		▬			
Vogelbeere		▬			
Weißdorn		▬▬			
Geißblatt		▬			
Kreuzdorn		▬			
Faulbaum		▬▬▬▬▬▬			
Pfaffenhütchen		▬▬			
Heckenrose			▬		
Gewöhnlicher Schneeball			▬▬		
Himbeere			▬		
Hartriegel			▬		
Schwarzer Holunder			▬▬		
Brombeere			▬▬▬		
Liguster			▬		
Waldrebe				▬▬	

Auch pflanzenfressende Tierarten kommen in der Hecke nicht zu kurz. Im Mai, die Sträucher leuchten im jungen Grün, hüllt ein dichtes Gespinst wie Watte die Gipfeltriebe des Schwarzdorn ein. Silberne Fäden umgarnen bereits tieferliegende Zweige und Blätter. Längliche, raupenartige schwarzpunktierte Larven kriechen darin herum, nagen an den Blättern und fressen sie mit Stumpf und Stiel. Übrig bleiben nackte Stengelgerippe. Kahlfrass tötet in der Regel den Strauch nicht. Oft treibt er sogar ein zweites Mal aus, indem er sich der sehr jungen Knospen bedient, die bereits für das nächste Jahr angelegt sind. Verschiedene einheimi-

23

Schmetterlingsraupen brauchen einheimische Pflanzen
(nach Blasche 1955)

fremdländische Art	Anzahl Raupen- arten	einheimische Art	Anzahl Raupen- arten
Kopfsalat	12	Wegerich	48
Gemüsekohl	7	Labkraut	42
Rübenkohl	4	Kuhblume	41
Kartoffel	3	Beifuss	31
Eibisch	2	Klee	30
Gartenlöwenmaul	2	Brennessel	25
Spargel	2	Leimkraut	23
Runkelrübe	1	Schafgarbe	23
Stechapfel	1	Zypressenwolfsmilch	19
Lupine	1	Behaartes Habichtskraut	18
Nachtkerze	1	Hornklee	14
Jungfernrebe	1	Schmalblättriges Weidenröschen	13

sche Gehölze wehren sich gegen einen zweiten Kahlfrass auf erstaunliche Weise. In den Blättern bilden sich Bitterstoffe, die den gefrässigen Larven das Essen vergällen. Es gibt also keinen Grund, zum Giftspray zu greifen, auch wenn uns vor dem Gespinst ekelt. Im Gegenteil: Freuen wir uns, dass Schwarzdorn, Weissdorn, Heckenrosen und Weiden zu den begehrtesten Futterpflanzen unzähliger wirbelloser Tiere, auch der Schmetterlinge, gehören.

Noch andere seltsame Gebilde fallen auf: Auf der Heckenrose sitzt ein roter Strubbelpeter, auf der Brombeere ein schiefer Papierturm, auf den Buchenblättern prangen rote Erbsen, und die Ahornblätter sind mit stecknadelkopfgrossen, roten Punkten übersät, als hätten sie die Masern. Was wir vor uns haben, sind Gallen, eigentlich Wachstumsstörungen, hervorgerufen durch Bakterien, Pilze, Würmer, Insekten und Spinnentiere. Jede Art ist auf eine bestimmte Pflanzenart spezialisiert, vielleicht noch auf zwei bis drei nahe Verwandte. So legt die **Rosengallwespe** ihre Eier im Mai in die Blätter und Blüten der Wildrosen. Zuchtrosen verschont sie. Um die Eier herum bildet sich darauf der kugelige, buschige Strubbelpeter, die Rosengalle. Wir lösen sie sorgfältig ab und schneiden sie auf. In kleinen Kammern liegen weisse Maden, die Larven der Rosengallwespe.

Zu den häufigsten Gallenarten gehören jene der **Buchenblattgallmücke**, die im Frühling jedes Ei einzeln in das Gewebe eines Rotbuchenblattes legt. Darauf bildet sich eine

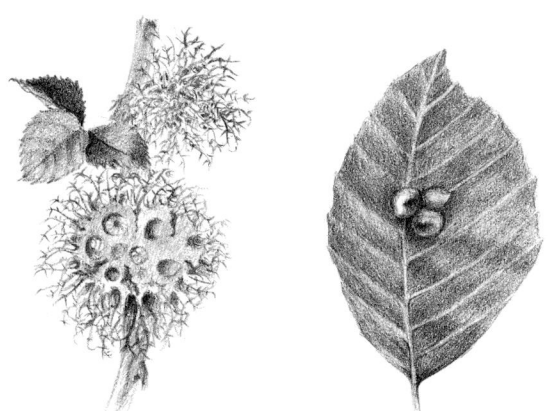

25

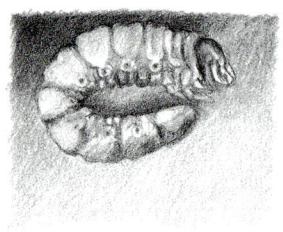

etwa 1 cm hohe, in eine Spitze verlaufende rot-grüne Galle, die später braun wird. Im Innern schlüpft aus dem Ei die Larve, die sich vom inneren Gewebe der Galle ernährt. Im Herbst löst sich die Galle samt Larve und fällt zu Boden. Sofort verspinnt die Larve den Innenraum der Galle und verschliesst das Loch, das beim Ablösen vom Blatt entstanden ist. In diesem Gehäuse verbringt die Larve den Winter. Luftgefüllte Zellen isolieren gegen Kälte. Erst im Frühling wandelt sich die Larve zur Mücke und verlässt die Galle.

Für die roten Buckeln auf den Ahornblättern sind **Gall-milben** verantwortlich. Allein in Mitteleuropa gibt es Hunderte von Gallenarten. Anhand der Gallenbildung lässt sich die Urheberin meist genau bestimmen. Erstaunlich eigentlich, dass es einem Lebewesen gelingt, das Wachstum einer Pflanze auf ihm eigene Art umzuprogrammieren, ohne dabei die Pflanze zu schädigen. Wie sich diese Abhängigkeit entwickelt hat, wissen wir nicht.

Gallen, hervorgerufen von Tieren, sitzen fast ausschliesslich auf einheimischen Pflanzen. Auf fremdländischen Pflanzen kommen meistens nur Gallen vor, die durch Pilze oder Bakterien ausgelöst werden.

Vögel bevorzugen Früchte einheimischer Gehölze

Angegeben ist die Anzahl der früchtefressenden Vogelarten für die betreffende Gehölzart (nach Turcek 1961)

fremdländische Gehölzart	Anzahl Vogelarten	einheimische Gehölzart	Anzahl Vogelarten
Wilder Wein	19	Vogelbeere	63
Schneebeere	13	Schwarzer Holunder	62
Späte Traubenkirsche	10	Wildkirsche	48
Thunbergs Berberitze	7	Traubenholunder	47
Thuja	6	Faulbaum	36
Flieder	5	Weissdorn	32
Feuerdorn	4	Traubenkirsche	24
Kirschlorbeer	3	Pfaffenhütchen	24
Baumhasel	3	Gewöhnlicher Schneeball	22
Essigbaum	2	Liguster	21
Roter Weissdorn	1	Schwarzdorn	20
Weigelie	1	Kreuzdorn	19
Forsythie	1	Berberitze	19

27

In dieser dichten
Hecke hat der
Neuntöter schon
mehrmals gebrütet.

Der Neuntöter
schätzt dürre Äste
als Sitzwarten.

28

Die Hecke liefert noch eine weitere wichtige Nahrung. Von Juli bis ins nächste Frühjahr locken reife Beeren ein gefiedertes Volk an, das aber nicht ausschliesslich vegetarisch lebt, sondern auch vom reichen Insektenangebot profitiert. Viele **Vogelarten** ziehen ihre Jungen mit Insekten auf, verfüttern aber auch Beeren.

Die Hecke liefert aber bei weitem nicht nur Futter, sondern bedeutet für viele Tierarten auch Wohnraum. Buchfink, Amsel, Mönchsgrasmücke und Zilpzalp nisten im Dickicht. Grauschnäpper und Neuntöter spähen auf erhöhter Warte, auf den Gipfelzweigen, nach Beute. Zur Zugzeit im Frühling und im Herbst steigen viele Vogelarten im Erstklasshotel Hecke ab und geniessen die reichliche Kost: Beeren und Insekten. Mit etwas Glück tauchen sogar in Hecken in städtischem Gebiet seltene Vogelarten wie Nachtigall, Wendehals und andere auf. Schmetterlinge und andere Insekten balzen auf Ästen, sonnen sich auf Blättern und retten sich bei Regen oder grosser Hitze unter das schützende Blätterdach.

Im Totholz und in der Streuschicht unter der Hecke haust das ganze Jahr über eine bunte Gesellschaft: Spinnen, Insekten, Schmetterlingsraupen und -puppen, Blindschleichen, Molche, Erdkröte, Grasfrosch, Spitzmaus und Igel verkriechen sich und überwintern sogar darin, ungestört von menschlichen Eingriffen.

Diese ungeheure Vielfalt macht die Hecke zum wichtigsten Element im Siedlungsraum und in der Kulturlandschaft. Kein anderes Element bietet so mannigfaltige Nischen und Kleinstlebensräume sowie ein reichhaltiges Futterangebot für unterschiedlichste Tierarten.

Kriterien für den tierfreundlichen Garten
– viele einheimische Kräuter- und Gehölzarten
– viele Strukturen und Nischen
– abgestorbenes Pflanzenmaterial (Blätter, dürre Kräuter, Fruchtstände, Äste, Totholz)
– wenig Pflege
– verschiedene Biotope
Vielfalt statt Einfalt

29

Was bietet die Hecke den Tieren?

	Hecke mit Saum	Zierrasen
Nahrung		
viele einheimische Pflanzenarten	+	–
Blätter, Triebe	+	wenig
Nektar und Pollen	+	–
Samen und Früchte	+	–
Holz lebender Pflanzen	+	–
Totholz (Stämme)	+	–
Fallaub und Äste	+	–
Beutetiere	viel	wenig
Wohnraum		
Sitzwarte	+	–
Nistgelegenheit	+	–
sonnige und schattige Stellen	+	–
Schutz vor Regen und Wind	+	–
Deckung vor Feinden	+	–
Nachtquartier	+	–
Winterquartier	+	–
Störung durch Menschen (Pflegeeingriffe)	selten	häufig

Kulturlandschaft heute

Jede der vielen tausend Tierarten ernährt sich von ganz bestimmten Pflanzen oder Tieren, jede auf eine andere Weise; jede Tierart beansprucht den ihr gemässen Wohn- und Lebensraum. Das versponnene Netz der Abhängigkeiten hat sich in sehr grossen Zeiträumen entwickelt. Obwohl es unmöglich ist, dieses Netz zu entwirren, wird klar, dass einerseits eine Vielfalt an einheimischen Pflanzenarten und andererseits ein grosses Angebot an verschiedenen Lebensräumen nötig sind, um einer Vielfalt von Tieren Leben zu ermöglichen.

Diese Lebensgrundlagen sind in den letzten fünfzig Jahren im grossen zerstört worden. In der Landwirtschaft sind kleinräumige, reichhaltige Strukturen ausgeräumt und durch sogenannte Flurbereinigungen fast vollständig zerstört worden, um die Landschaft der maschinellen Bearbeitung anzupassen. Hecken und Hochstammobstbäume sind abgeholzt, Bäche in den Boden verlegt worden. Extensiv genutzte Flächen sind verschwunden. An ihre Stelle treten eintönige, intensiv genutzte Gebiete, auf denen mit Hilfe von leichtlöslichen mineralischen Düngern, synthetischen Pflanzenschutzmitteln und Unkrautvertilgern Höchsterträge erzielt werden. Wo intensive Landwirtschaft herrscht, sind unzählige Tier- und Pflanzenarten verschwunden. Zum Beispiel attraktive Vögel wie Raubwürger, Neuntöter, Braunkehlchen, Rebhuhn und viele andere, oder die typischen farbenprächtigen Ackerbegleiter wie Kornblume, Klatschmohn und Kornrade. Die Rote Liste ist lang.

Eine entsprechende Entwicklung beobachten wir in der Forstwirtschaft: Seit Jahrzehnten werden standortfremde Fichten und Lärchen sowie fremdländische Gehölze wie Weymutskiefern und Douglasien angepflanzt, oft in Monokultur und so dicht, dass unter den Bäumen kein Kraut mehr gedeiht. Dazu kommt eine naturfeindliche Bewirtschaftung: Kahlschlag, Mähen der Schlagflora in Neuaufforstungen und Mähen der Wegränder im Sommer statt im Spätherbst. So wird den Schmetterlingen und vielen anderen Insekten Nahrung und Lebensraum entzogen; im Geäst brüten nur wenige Vogelarten. Seit wenigen Jahren sind allerdings da

31

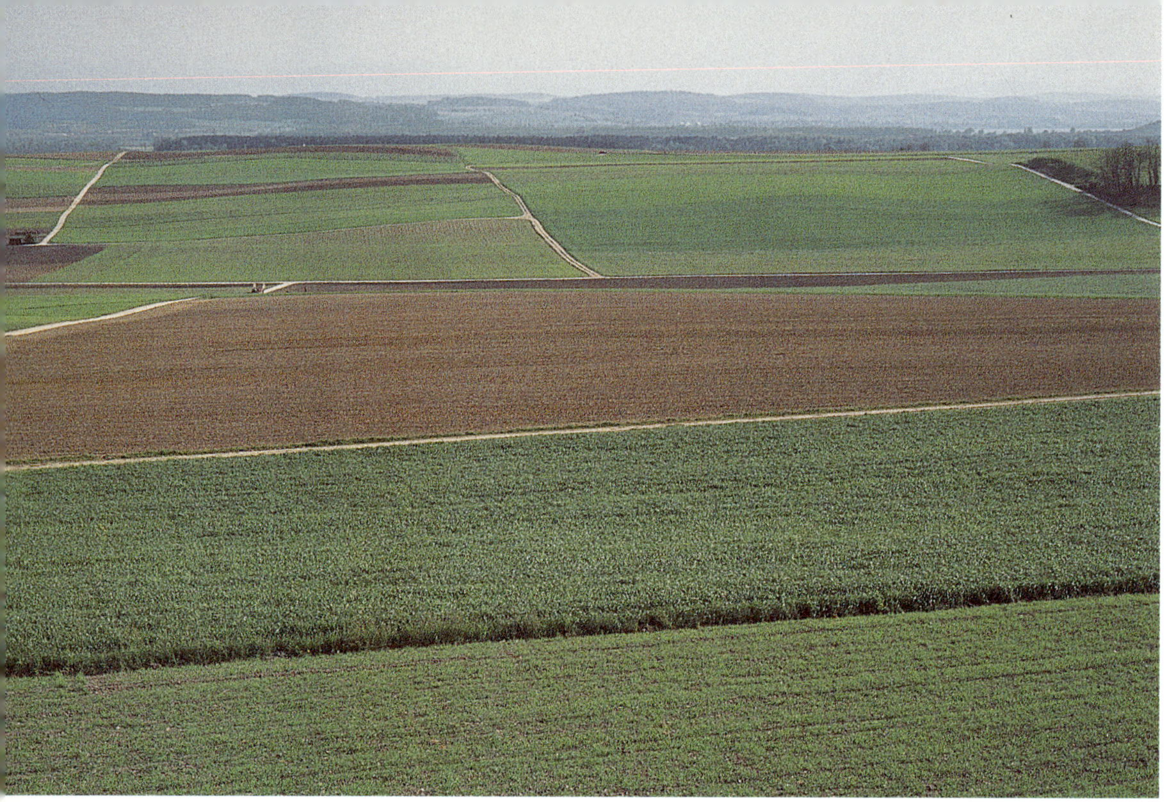

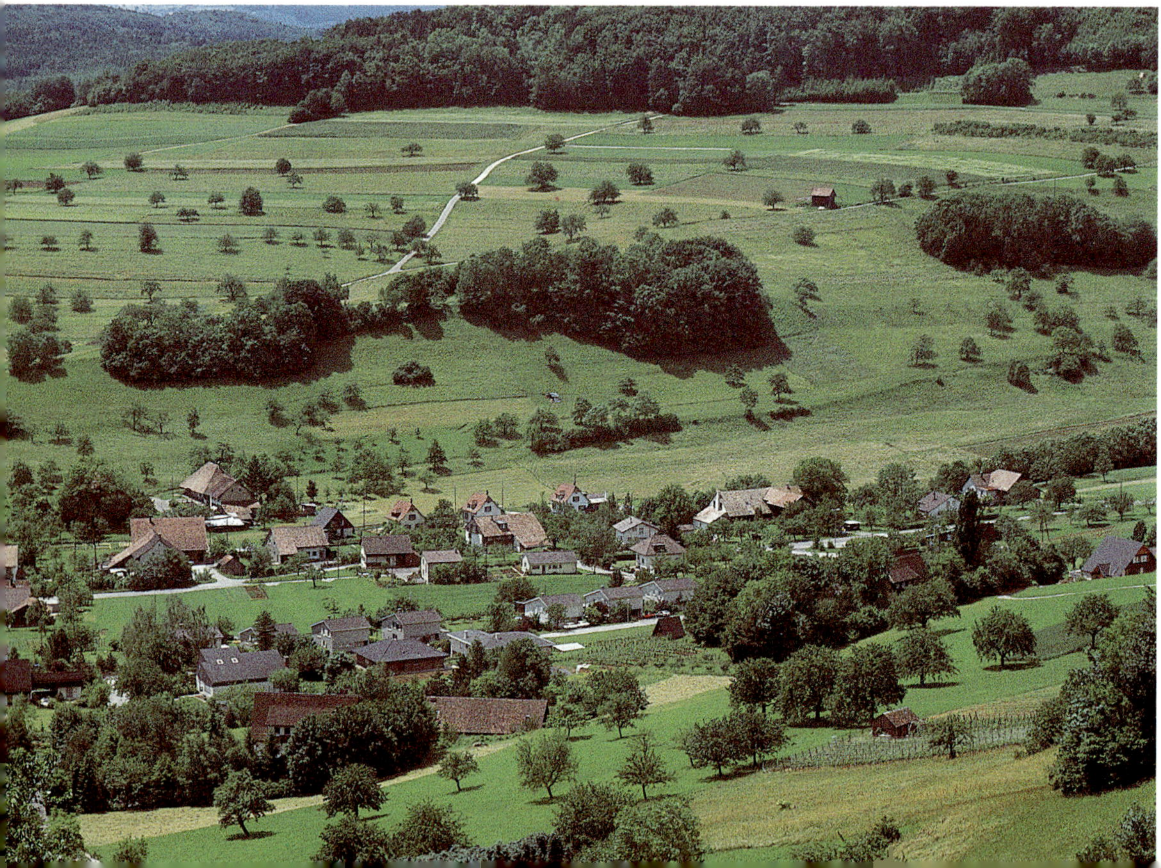

Anzahl der auf einheimische Gehölzarten spezialisierten Insekten
(verändert nach Röser 1988 und Blasche 1955)

Gehölzart	Bockkäfer Wanzen Rüsselkäfer Blattwespen Blattläuse	Schmetterlings- raupen	Summe
Salweide	136	166	302
Weissdorn	80	91	171
Schwarzdorn	64	141	215
Hasel	90	44	134
Wildrosen	72	49	121
Wildbrombeere	53	76	129
Feldahorn	40	47	87
Vogelbeere	31	47	78
Faulbaum, Kreuzdorn	17	39	56
Geissblatt	18	44	62
Roter Hartriegel	16	19	35
Liguster	10	20	30
Pflaffenhütchen	14	11	25
Schneeball	11	9	20
Schwarzer Holunder	4	14	18
Hopfen	4	17	21

und dort zaghafte Ansätze zu einem Umdenken vorhanden. Laubhölzer kommen wieder zu Ehren. Es wird mit natürlicher Verjüngung (Plenterwirtschaft) gearbeitet, und Teile eines Waldes werden sich selbst überlassen (Urwald).

Auch in den Siedlungsräumen tragen Privatgärten, Schulareale und öffentliche Anlagen dieselbe Uniform: Rhododendren, Forsythien, sauber gepflegte Rasen, Nadelbäume, einige wenige Blumenbeete und grosse Flächen fremdländischer Bodendecker. Einheimische Sträucher, Bäume und Blumen fehlen und folglich auch eine vielfältige und bunte Schar Kleingetier, Schmetterlinge, andere Insekten und Vögel.

33

Die Naturgartenidee

In den sechziger Jahren hat Urs Schwarz in Solothurn (Schweiz) erkannt, dass es nichts nützt, Rote Listen über selten werdende Pflanzen und Tiere zu erstellen und als geschützt zu erklären, wenn ihre Lebensgrundlagen zerstört werden. Er hat sich gefragt, was der einzelne, der Gartenbesitzer, aber auch Gemeinden in Schul- und öffentlichen Anlagen tun könnten, und er hat die Naturgartenidee entwickelt. Sie ist einfach: Wir setzen in Gärten und öffentlichen Anlagen nur einheimische Pflanzenarten (ausser im Nutzgarten) und verzichten auf leicht lösliche, mineralische Düngemittel („Kunstdünger") und synthetische Pflanzenschutzmittel (Schwarz 1980).

Wenn mehr und mehr Privatgärten und öffentliche Anlagen naturnah gestaltet und gepflegt werden, bilden sie ein dichtes Netz verschiedener Biotope, und der Artenreichtum an Pflanzen und Tieren nimmt insgesamt deutlich zu. Dass diese Idee richtig ist, bestätigen neue wissenschaftliche Untersuchungen. 1996 hat der Schweizerische Wissenschaftsrat die Ergebnisse des Projektes „Blaue Listen" veröffentlicht (Gigon, Langenauer, Meier, Nievergelt 1996). Darin wird untersucht, ob gezielte Naturschutz-Massnahmen helfen, gefährdete Pflanzen- und Tierarten (solche, die auf den Roten Listen erscheinen) zu halten oder sogar zu fördern. Zum Testgebiet gehören die Kantone Aargau, Schaffhausen und Zürich (Schweiz), zusammen 3354 km². Die Ergebnisse ermutigen, denn sie zeigen, dass wissenschaftlich erprobte Massnahmen zu positiven Ergebnissen führen.

Bestandsentwicklung von gefährdeten Tierarten aufgrund gezielter Naturschutz-Maßnahmen (aus Gigon, Langenauer, Meier, Nievergelt 1996)

Bestandsentwicklung	Anzahl Tierarten	Prozent
Zunahme	20	9
stabilisiert	59	28
Abnahme	56	26
unbekannt	78	37
Summe	213	100

Thijsse's Hof in Bloemendal (Niederlande) wurde 1925 als öffentlicher Naturgarten angelegt. Er ist bis heute erhalten und wird naturnah gepflegt.

Unter den gefährdeten Tieren, die Dank gezielter Massnahmen zunehmen, sind Biber, Habicht, Sperber und Blauflügel-Prachtlibelle;. unter den stabilisierten Mittelspecht, Fadenmolch, Hainveilchen-Perlmutterfalter. Auf lokaler Ebene, das heißt an einzelnen, wenigen Orten konnten bereits etwas mehr als 50 Prozent der Arten (114 von 213) mindestens erhalten oder gefördert werden: Habicht, Neuntöter, Laubfrosch, Kammolch, Blauflügel-Prachtlibelle. Leider sind bis heute die anerkannt wirkungsvollen Massnahmen noch an viel zu wenig Orten ergriffen worden. Für viele weitere Tierarten, bei denen man zwar weiss, was für sie getan werden müsste, ist bis jetzt nichts geschehen. Immer noch warten Tierarten darauf, dass auch für sie Schutzmassnahmen entwickelt werden.

Eine weitere Meldung lässt aufhorchen. Eine Biologin untersuchte 1995 die Artenvielfalt im Siedlungsraum und in landwirtschaftlich intensiv genutztem Gebiet bei Brutvö-

geln, Gehäuseschnecken und Tagfaltern (Steck 1995). Ge-
mäss dieser Untersuchung sind Siedlungsräume artenreicher
als landwirtschaftlich intensiv genutztes Gebiet. So brüten
im Siedlungssraum 26 Vogelarten, im Landwirtschaftsgebiet
lediglich acht. Im Siedlungsraum krochen 19 Gehäuse-
schneckenarten herum, im Landwirtschaftsgebiet fünf. Das
Ergebnis erstaunt nicht, ist doch der Siedlungsraum im Vergleich zur ausgeräumten Agrarlandschaft trotz vorwiegend
konventioneller Bepflanzung bedeutend reichhaltiger an
Blumen, Sträuchern, Bäumen und Kleinbiotopen. Er bietet
daher schon jetzt Tieren und Pflanzen aus dem Landwirtschaftsgebiet Rückzugsecken an, die sich beträchtlich ver-

36

Naturgarten einmal anders: Der Gemüsegarten ist umgeben von Blumenwiese und Hecke. Rasenwege gliedern den neunjährigen Garten und machen ihn begehbar.

mehren liessen, wenn viele Privatgärten, öffentliche Anlagen sowie Industrie- und Gewerbezonen in Naturgärten umgestaltet würden und so den aus der Landwirtschaftszone vertriebenen Tieren und Pflanzen eine neue Heimat böten (Ebel 1997).

Die goldenen Regeln des Naturgartens
Gärten sind immer erweiterter Wohn- und Betätigungsraum für Menschen. Wir gestalten deshalb auch Naturgärten nach den Bedürfnissen ihrer Benützer und beachten dabei folgendes:
1. Wir wählen einheimische Pflanzen, und zwar viele Arten.
2. Wir verzichten auf leichtlösliche, mineralische Düngemittel.
3. Wir verzichten auf synthetische Pflanzenschutzmittel.
4. Wir gestalten den Garten vielfältig mit verschiedenen Lebensräumen.
5. Wir schaffen viele Nischen und Strukturen.
6. Wir arbeiten beim Anlegen und Pflegen schonend:
   - Wir greifen wenig und gezielt ein und lassen damit auch Veränderungen durch natürliche Abläufe zu.
   - Wir verwenden wenig Maschinen (Energie sparen).
   - Wir entfernen möglichst kein Material aus dem Garten.
   - Wir legen durchlässige Wege und Plätze an anstelle von versiegelten.
   - Wir verwenden Naturmaterial (Holz, Steine, Kies) oder Abfallmaterial (Recycling).
   - Wir verwenden kein Material, das zum Sondermüll zählt wie zum Beispiel PVC-Folie, chemisch imprägniertes Holz usw.
   - Wir verzichten auf Torf, um Moorlandschaften zu schonen.

Tiere im Naturgarten

Schmetterlinge

Der Naturgarten macht es möglich: Vielfalt auf kleinem Raum (rechte Seite).

Schmetterlinge verleihen dem Garten eine andere Dimension, etwas Unwirkliches, Traumhaftes. Sie gleichen Traumblüten, die sich von ihrem Stengel gelöst haben, entwischt sind und der Sonne entgegenflattern.

Holen wir sie aus unseren Träumen zurück in den Garten. Was es dazu braucht? Eine Gartenwirtschaft, die über eine reich dotierte Menükarte verfügt und Tag und Nacht geöffnet ist. Welche Menüs unsere Gäste wünschen, erfahren wir aus ihrer Lebensweise.

Zitronenfalter

Wenn die Märzsonne angenehm warm scheint, taucht er auf, sucht auf Weidenkätzchen Nektar, sonnt sich auf dem Faulbaum, flattert mit dem Weibchen den Pas de Deux des Balzfluges. … Wo die beiden wohl im Winter gewohnt haben? Sie überwintern nämlich draussen, zum Beispiel im dichten Efeu am Haus oder an einem Baumstrunk und paaren sich erst im Frühling. Das Weibchen legt die Eier an die Äste von Faulbaum und Kreuzdorn. Zitronenfalter sind äusserst robust und leben länger als die meisten andern Schmetterlinge, nämlich fast ein Jahr.

Aurorafalter

Ein weiterer Frühlingsbote ist der Aurorafalter. Er überwintert als Puppe an dürren Pflanzenstengeln und schlüpft im April. Das Weibchen befestigt die Eier am blühenden Wiesenschaumkraut, am Knoblauchskraut oder an anderen

38

Kreuzblütlern knapp unterhalb der Blüte. Die Raupe lebt in den Blüten, später an den Schoten.

Tagpfauenauge

Auch das Tagpfauenauge – einer der prächtigsten Schmetterlinge – fliegt sehr früh im Jahr, an warmen Tagen oft schon im Februar. Diese Exemplare haben in Baum-, Felshöhlen oder Gebäuden überwintert. Ihre Farben leuchten deshalb weniger kräftig als jene der späteren Generationen. Im Tiefland schafft der Falter bei klimatisch günstigen Bedingungen vom Frühling bis zum Herbst zwei bis drei Generationen. Das Weibchen legt 50 bis 200 Eier als Haufen auf die Unterseite eines Brennesselblattes, der Futterpflanze. Die Raupen fressen die Brennesseln oft ratzekahl auf.

Distelfalter

Einer der erstaunlichsten Besucher unserer Gartenwirtschaft ist der Distelfalter. Wenn er gegen Ende April auftaucht, vielleicht mit zerzausten Flügeln und verblichenen Farben, denken wir kaum daran, dass er weit über tausend Kilometer und die Überquerung der Alpen in den Flügeln hat. Er wandert nämlich aus Südeuropa oder Nordafrika ein. Wie tagsüber ziehende Vögel orientiert er sich am Sonnenstand und fliegt eine polwärts gerichtete Route. Das Hindernis Alpen überwindet er wie ein Segelflieger. Er lässt sich in der von der Sonne erwärmten, aufsteigenden Luft kreisend in die Höhe tragen und meistert so über 2000 m hohe Pässe (zum Beispiel den Col de Bretolet im Wallis, Schweiz).
Sobald die Falter einen günstigen Lebensraum gefunden haben, paaren sie sich. Dann legt das Weibchen die Eier einzeln an Disteln ab, vor allem an Kratzdisteln, seltener an Brennesseln und Huflattich. Kurz darauf stirbt die eingewanderte Generation. In wenigen Wochen entwickelt sich die nächste. Diese kehrt über die Alpen in den Süden zurück. Oft aber fliegen die frischen Falter nochmals nordwärts bis nach England oder Skandinavien. Dort pflanzen sie sich fort, und erst die dritte Generation tritt den Weg in den Süden an. Was für Gesetze die Falter treiben, bleibt ein Rätsel.

Schwalben-
schwanz, einer der
grössten einheimi-
schen Schmetter-
linge.

Admiral

Auch der Admiral ist ein Langstreckenwanderer, der ähnlichen Bahnen folgt wie der Distelfalter. Beobachtungen in
Grossbritannien zeigen, dass er auch in Mondnächten zieht
(Rothschild 1983). Seine Raupe frisst vor allem Brennesseln.
Wenn wir zu einem Tütchen zusammengesponnene Brenn-
nesselblätter entdecken, steckt höchstwahrscheinlich eine
Raupe des Admirals drin. Im späten Sommer und Herbst,
wenn nicht mehr viele Blumen blühen, nascht der Admiral
oft an Fallobst.

Schwalbenschwanz

Der Schwalbenschwanz überwintert als Puppe an dürren
Stengeln. Im Mai schlüpfen die Falter, und ein neuer Kreislauf beginnt. Nach der Paarung legt das Weibchen im Flat-
terflug die Eier einzeln an eine Futterpflanze. Die Raupe ist

Die Raupe des Schwalbenschwanzes tut sich am Fruchtstand eines Doldenblütlers gütlich.

auf Doldenblütler spezialisiert, hat also einen recht langen Speisezettel, auf dem unter anderem auch die Karotte steht. Wenn wir im Gemüsegarten auf Pestizide und Insektizide verzichten, finden wir nicht selten am Kraut der Karotten die grüne, zebragestreifte Raupe mit den roten Punkten. Die Raupen der Sommergeneration verpuppen sich oft am Stengel der Futterpflanze.

Grosses Ochsenauge und Brauner Waldvogel

Diese beiden Arten sind echte „Sommervögel" und haben sehr ähnliche Lebensweisen. Beide schlüpfen erst im Juni, gehören dafür bis in den Herbst zu den täglichen Gästen unseres Gartenrestaurants. Sie trinken mit Vorliebe vom wilden Dost *(Origanum vulgare)* und anderen stark duftenden Blumen. Die Raupen fressen verschiedene Grasarten, futtern hauptsächlich nachts und verkriechen sich tagsüber am Fusse der Pflanze. Sie überwintern, fressen bei mildem Wetter auch im Winter und verpuppen sich erst vom Mai bis Juli.

42

Blutströpfchen

Im Juli warten wir ungeduldig auf die kleinen schwarzen Falter mit den roten Tupfen, das Blutströpfchen *(Zygaena filipendula)*. Ob sie auch dieses Jahr auftauchen? Endlich – ein Pärchen sitzt auf einer Witwenblume. Später entdecken wir weitere Exemplare. Wir sind stolz, sie seit einigen Jahren im Garten zu haben, denn Blutströpfchen sind standorttreu und überleben nur, wenn ihr Wohnraum alle ihre Bedürfnisse erfüllt: Violette Blüten als Nektarquelle, Hornklee als Futter für die Raupen, dürres Gras als Überwinterungsort für die Raupen und schliesslich hohe Stengel und Halme, um die Puppe aufzuhängen. Nach dem Schlüpfen im Juni oder Juli legen die Weibchen Eier an den Hornklee. Die Raupen wachsen langsam und fressen bis in den Herbst hinein und überwintern schliesslich im dürren Gras. Erst im Mai sind

Blutströpfchen *(Zygaena filipendula)* und Schwebfliege erquicken sich auf einer Witwenblume.

Eine Puppe des Blutströpfchens hängt am Stengel der Wilden Möhre.

43

sie ausgewachsen und verpuppen sich in länglichen Kokons an Pflanzenstengeln oder Grashalmen. Übrigens enthalten die Falter und Raupen der meisten Blutströpfchen eine giftige Blausäureverbindung. Deshalb werden sie von Vögeln gemieden.

Was können wir im Garten für Schmetterlinge tun?

Was muss nun also die Menükarte anbieten, um viele verschiedene Schmetterlinge anzulocken? Ein Blütenmeer, das Nektar in Hülle und Fülle liefert, denn Fliegen verschlingt eine Unmenge Energie, die Schmetterlinge in Form von Nektar auftanken. Nektar ist etwas verallgemeinert eine wässerige Zuckerlösung. Es gibt drei Arten: eine enthält Saccharose (Rohrzucker), eine Fructose (Fruchtzucker) und die dritte Glucose (Traubenzucker). Der Nektar gewisser Blumenarten enthält alle drei Zuckerarten. Die Blüten prei-

Distelfalter, Langenstreckenflieger unter den Schmetterlingen, tankt auf an der Wilden Karde.

44

sen ihren Nektar mit einer unerhörten Fülle an Farben und Düften an, die Schmetterlinge dank chemischer Reizempfänger an Zunge, Fühlern und sogar an den Füssen erkennen. Schmetterlinge sind also in puncto Geschmacks- und Geruchssinn dem Menschen haushoch überlegen. Wenn wir sie beobachten, fällt auf, dass offensichtlich nicht alle Blumen gleich verführerisch sind. Rosen zum Beispiel werden meistens verschmäht, während auf wildem Dost und auf Ackerkratzdisteln reger Betrieb herrscht. Ackerkratzdisteln duften übrigens auch für menschliche Nasen betörend, und für Schmetterlinge müssen sie das Höchste sein. Wir haben nämlich beobachtet, wie Tagpfauenauge, Distelfalter, Kaisermantel und andere schnurstracks auf die Kratzdistel los flatterten und Dost, Wasserdost, Johanniskraut, Knautien und andere einfach links liegen liessen. Wer trinkt schon einen einfachen Weissen, wenn hochkarätiger Champagner angeboten wird!

Manche Schmetterlingsarten zeigen ausgesprochene Vorlieben. Bläulinge bevorzugen Schmetterlingsblütler wie Hornklee und Wundklee, Widderchen (Blutströpfchen) violette Blüten wie Skabiosen, Witwenblumen und die Wilde Karde, Nachtfalter und andere windendes Geissblatt und Seifenkraut.

Ganz besondere Ansprüche stellen die Schmetterlingsraupen an die Menükarte. Sie ernähren sich nämlich von ganz bestimmten Pflanzen, meist nur von einheimischen. Einzelne Raupen fressen eine einzige Pflanzenart – jene des Kleinen Fuchses, des Tagpfauenauges und des C-Falters ausschliesslich Brennesseln, jene des Admirals Brennesseln und Disteln; die Raupe des Zitronenfalters sättigt sich am Faulbaum und Kreuzdorn, während die Raupe des Aurorafalters sich an Kreuzblütlern wie Wiesenschaumkraut und Ackersenf dick frisst. Die Raupen sind also auf ihre besondere Futterpflanze angewiesen und können, wenn diese fehlt, nicht einfach die Diät wechseln. So ist der als Schmetterlingsstrauch gepriesene fremdländische Sommerflieder (*Buddleja davidii*) für Raupen wertlos, obwohl sein Nektar von vielen Schmetterlingen geliebt wird. Wie die Tabelle auf Seite 24 zeigt, fressen nur wenige Schmetterlingsraupen fremdländische Kräuter.

Folgerungen für die Gartengestaltung und -pflege

1. Wir verbannen synthetische Pflanzenschutzmittel und Kunstdünger aus der Gartenwirtschaft für Schmetterlinge.

2. Wir ersetzen fremdländische Bäume und Sträucher, wie zum Beispiel Forsythie, Essigbaum, Cotoneaster, Kirschlorbeer und Thuja durch einheimische Arten, die Schmetterlinge besonders schätzen: Salweide, Hasel, Windendes Geissblatt, Rote Heckenkirsche, Schwarzdorn, Weissdorn, Kreuzdorn, Heckenrose, Faulbaum und Liguster, Traubenkirsche, Erle, Zitterpappel, Birke, Stiel- und Traubeneiche, Linde und Esche.

3. Wir wandeln Rasen in Blumenwiesen um und pflegen sie so, dass sie den Ansprüchen verschiedener Schmetterlinge und deren Raupen gerecht werden. Sie sollen blütenreich sein, aber auch Gräser enthalten, die von Raupen gefressen werden, woran sich Raupen verpuppen und sogar überwintern. Wir erfüllen diese Ansprüche, indem wir nicht die ganze Wiese auf einmal mähen, sondern nur einen Teil und den andern stehen lassen. Das geschnittene Gras heuen wir und versorgen es unter Hecke oder unter Obstbäume, damit Eier, Raupen und Puppen Zeit haben, sich fertig zu entwickeln oder das Heu zu verlassen. Noch besser lassen wir einen Teil bis ins folgende Frühjahr als Unterschlupf für überwinternde Puppen und Raupen stehen.

4. Folgende einheimische Blumen sind vorzügliche Nektarquellen: Dost *(Origanum vulgare)*, Thymian *(Thymus serpyllum)*, violett blühende Distelarten, Wasserdost *(Eupatorium cannabinum)*, Wundklee *(Anthyllis vulneraria)*, Hornklee *(Lotus corniculatus)* und Skabiosen, Goldrute *(Solidago virgaurea)*. Obwohl die meisten Schmetterlinge von Mitte Juni bis August fliegen, sind andere noch später für Nektar dankbar. Daher wählen wir auch Pflanzen, die spät blühen, zum Beispiel den Nachzügler Efeu.

5. Biologisch angebautes Gemüse, Obst und Beeren ergänzen die Speisekarte der Schmetterlinge. So gehört das Kraut der Karotte zu den Futterpflanzen der Schwalbenschwanzraupe. Viele Schmetterlingsarten lieben den

46

Nektar der Brombeer- und Himbeerblüten, und Ende August bis in den Herbst hinein können wir den Admiral an faulem Obst saugen sehen.

6. Im Kräutergarten lassen wir die Kräuter blühen. Lavendel, Salbei und Thymianarten locken besonders viele Schmetterlinge an.

7. Auf dem Balkon ersetzen wir Pelargonien („Geranien") in Blumenkistchen durch einheimische Blumen, zum Beispiel durch Reseden und Blutroten Storchenschnabel.

Im übrigen erhöhen weitere Biotope wie vegetationsarme Kies- und Sandflächen, Trockenmauern und Teich die Anziehungskraft des Gartens auch für Schmetterlinge, denn auch für sie gilt: *Je vielfältiger der Garten, desto mehr Arten lockt er an.*

Literatur zum Thema:
Schmetterlinge bestimmen: Chinery 1993
Raupen und Schmetterlinge bestimmen: Carter 1987
Ausführliche Informationen zur Lebensweise: SBN 1987, Ebert 1991

Wildbienen und Wespen

Unser reich möbliertes Gartenrestaurant mit exquisiter Menü- und Getränkekarte gewährt einer Menge weiterer Insekten Gastrecht. Im März erscheinen nicht nur die frühen Schmetterlinge, sondern selbstverständlich auch die Honigbienen. Wirklich nur Honigbienen? Honigbienen tragen doch kein Pelzchen an Schultern und Bauch. Der Hinterleib glänzt braun-schwarz. Es muss eine Wildbiene sein, eine Mauerbiene. Es gibt nämlich ausser der Honigbiene unzählige Bienenarten (in Mitteleuropa etwa 700 Arten), deren Rolle lange unterschätzt worden ist. Wie wichtig sie für die Bestäubung von Nutzpflanzen und unter anderem auch für Obstbäume sind, zeigen Untersuchungen der letzten dreissig Jahre. Eigentlich erstaunlich, dass Wildbienen erst seit kurzem ernstgenommen werden, existieren sie doch schon seit Jahrmillionen.

Wie Schmetterlinge sind auch viele Wildbienenarten gefähr-

47

Rote Mauerbiene am Brutloch einer künstlichen Nisthilfe aus Laubholz.

det, weil der Mensch ihnen Lebensraum und Nahrungsquellen zerstört. Wildbienen sind höchst spannende Insekten. Jede Art hat ihre besondere Lebensweise, beansprucht einen besonderen Wohnraum und sorgt auf ihre besondere Weise für die Brut.

Rote Mauerbiene

Betrachten wir die Rote Mauerbiene *(Osmia rufa)* näher. Sie taucht häufig bereits im März im Garten auf. Die Männchen erscheinen etwa zwei Wochen vor den Weibchen. Sobald auch die Weibchen da sind, erobern sich die Männchen ein Weibchen und die beiden paaren sich. Die Männchen sterben bald darauf. Für die Weibchen beginnt eine äusserst strenge Zeit: Wohnungssuche und -ausbau sowie Vorratanlegen für den Nachwuchs.

Bei der Wohnungswahl sind sie nicht kompliziert. Sie mieten die verschiedensten länglichen Hohlräume von etwa 6 mm Durchmesser, etwa Ritzen in Holzwänden und Fensterläden, verlassene Frassgänge usw. Wenn wir ihnen Nisthilfen (Holz mit ausgebohrten Gängen, Bambusröhrchen) anbieten, nehmen sie diese rasch an, und uns öffnet sich ein faszinierendes Beobachtungsfeld. Die Mieterin schlüpft nun

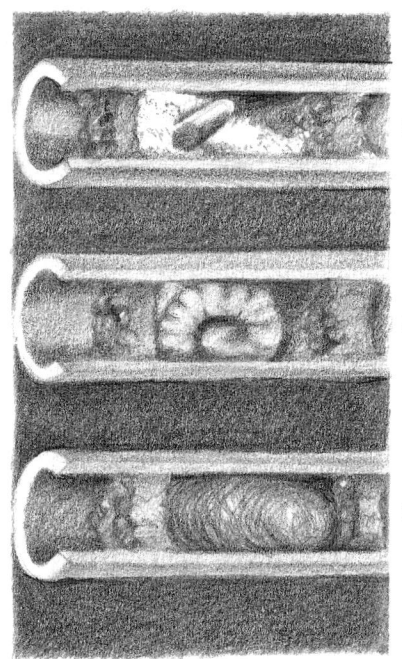

Ei

Larve

Puppe

Blick in die Brut-
röhre der Mauer-
biene.

in den hinteren Teil der Wohnung und baut mit feuchter, lehmhaltiger Erde eine etwa 2 mm dicke Rückwand. Das Baumaterial vermischt sie mit Speichel, so dass sie es gut formen kann. Dann baut sie eine 1 bis 2 mm hohe Schwelle dort, wo später die Vorderwand der Brutzelle stehen soll.

Die Biene fliegt weg und erscheint wenig später mit einem knallgelben Bauch. So beginnt sie die Versorgungsflüge und füllt die erste Brutzelle mit Nahrung, das heißt mit Nektar und Pollen, für die Larve. Dabei schlüpft sie kopfvoran in die Höhle, kommt rasch wieder heraus, dreht sich und verschwindet mit dem Hinterteil voran. Nach einer Weile fliegt sie wieder weg und bringt schon bald die nächste Ladung. Wieder schlüpft sie zuerst kopfvoran hinein, kommt heraus, dreht sich und verschwindet mit dem Hinterteil voran. Wieso dieses Ritual? Zuerst erbricht die Biene den Nektar. Um die Pollen gegen die hintere Wand der Zelle abzuladen, muss sich die Biene drehen. Da das Röhrchen dazu zu klein ist, schlüpft sie nochmals hinaus, dreht sich und kriecht rückwärts zurück in die Zelle, wo sie am richtigen Ort den Bauch sauber bürstet. Nach zehn bis 15 Proviantflügen genügt der Vorrat. Die Biene legt ein Ei hinein und vermauert dann die Zelle bei der Schwelle. Diese Wand wird zur Rückwand der nächsten Zelle. Je nach Grösse der Wohnung baut die Biene über zehn Brutzellen. Die letzten Eier in den Zellen beim Ausgang sind unbefruchtet. Aus ihnen werden sich männliche Bienen entwickeln.

Sobald die letzte Zelle gefüllt ist, verschliesst die Biene die Röhre mit einer extra starken Wand. Bald darauf stirbt die Mutterbiene. In der Röhre geht das Leben weiter. Nach drei bis vier Tagen schlüpfen die Larven und ernähren sich vom Nahrungsvorrat. Wenn dieser nach drei bis vier Wochen aufgezehrt ist, spinnt die Larve einen Kokon und verpuppt sich. Die Biene schlüpft bereits im August oder September, bleibt aber bis zum nächsten Frühling im Innern des Kokons.

Im März bahnen sich zuerst die männlichen Bienen aus den Zellen nahe beim Eingang den Weg ins Freie. Die Weibchen aus den hinteren Zellen folgen später.

Nicht immer läuft für die Rote Mauerbiene alles so reibungslos ab. Während unsere Biene ihre Brutzellen baut, lauert vielleicht eine Taufliege oder Goldwespe vor der Röhre. Fliegt die Biene weg, dringen Taufliege oder Goldwespe ein und legen ihr Ei in die begonnene Brutzelle. Später macht dann die Fliegenlarve der Bienenlarve das Futter streitig. Verliererin ist immer die Bienenlarve, die elendiglich verhungert. Hat die Goldwespe „Kuckuckseier" gelegt, ist es wiederum um die Bienenlarven geschehen: Wespenlarven sind Räuber und fressen die Bienenlarven auf.

Wespen

Bienen und Wespen sind Hautflügler und unterscheiden sich vor allem in bezug auf ihren Speisezettel. Bienen ernähren sich ausschliesslich von Pollen und Nektar, während Wespen Räuber sind, also Fleisch fressen. Aber Achtung! Wespe ist nicht gleich Wespe. Beim Wort Wespe denken wir automatisch an jene schwarz-gelb gestreiften Gesellen, die vor allem im Sommer und Frühherbst auf dem Gartentisch oder in der Küche über Essensresten herfallen, sich aufdringlich auf unseren Teller setzen und stechen, wenn wir sie unvorsichtig berühren. Bei diesen Plaggeistern handelt es sich entweder um die **Gemeine Wespe** *(Vespula vulgaris)* oder um die **Deutsche Wespe** *(Vespula germanica)*. Diese zwar häufigen Arten sind die einzigen, die uns oft lästig fallen. Beide bauen ihre Nester im Verborgenen, oft in Erdlöchern. Finden wir frei hängende Nester, gehören diese völlig harmlosen Arten. Übrigens auch die viel geschmähte **Hornisse** ist ganz anders als ihr Ruf. Wenn wir ihr Nest in Ruhe lassen, lässt sie auch uns in Ruhe. Sie ist weder aggressiv, noch belästigt sie uns beim Essen im Freien. Menschliches Essen interessiert sie überhaupt nicht. Zu ihren Lieblingsgerichten gehören Wespen, auch die für uns unangenehmen Arten. Das Gift der Hornisse ist auch nicht stärker als jenes der beiden Wespen. Sie lassen sich verjagen, wenn wir Zitronenscheiben gespickt mit Gewürznelken, aufstellen.

50

Wegwespe schleppt erbeutete Spinne zum Brutloch.

Wenden wir uns also der ungeheuren Vielfalt anderer Arten zu. Es gibt nämlich allein in Mitteleuropa etwa 11000 Taillenwespenarten von sehr unterschiedlicher Grösse und Färbung und ebenso unterschiedlicher Lebensweise. Eine **Wegwespe** zum Beispiel bewohnt freie Sandflächen. Sie misst nur etwa 1 bis 1,5 cm und ist auffallend schwarz-rot gestreift. Bevor sie einen Brutplatz vorbereitet, kapert sie eine Spinne, überwältigt diese und lähmt sie mit einem Stich. Dann deponiert sie das gelähmte, aber lebendige Opfer 5 bis 10 cm über dem Boden, zum Beispiel an einem Kraut, damit es nicht von Ameisen geraubt wird. Nun scharrt sie eine wenige cm tiefe Kaverne in den Sand, schleppt die Spinne hinein, legt ein Ei und verstopft das Loch. Nach wenigen Tagen schlüpft die Larve und verzehrt die Spinne, die immer noch tadellos frisch ist, weil sie noch lebt.

Insekten lehren uns immer wieder das Staunen und Fragen stellen. Wie weiss zum Beispiel die Wegwespe genau, wo sie ihr Nest gebaut und wo sie ihre Beute zwischengelagert hat?

51

Was können wir im Garten für Wildbienen und Wespen tun?

Was für die Schmetterlinge gilt, gilt auch für Bienen und Wespen: *Je vielfältiger der Garten, das heisst, je mehr einheimische Blütenpflanzen und Sträucher er enthält, desto mehr geflügelte Besucher und Bewohner finden sich ein.* Mit dem Einrichten von Nisthilfen und offenen Sand- und Kiesflächen bieten wir verschiedenen Wildbienen- und Wespenarten Unterkunft. Die Kies- oder Sandfläche sollte mindestens 2 m² gross sein und darf nicht zuwachsen. Alle Arten von Nisthilfen sind ideale Beobachtungsplätze, Reality-Show im Garten oder sogar auf dem Fenstersims! Nochmals: Wildbie-

nen und Wespen (ausser der Deutschen und der Gemeinen Wespe) sind harmlos und stechen kaum. Sollte es doch einmal passieren, ähnelt der Stich jenem der Brennessel.

Bestimmte Wildbienenarten nisten in Totholz, zum Beispiel in toten Bäumen oder in Holzwänden alter Häuser. Da solche Nistgelegenheiten rar geworden sind, helfen wir mit künstlichen Nisthilfen. Wir beschaffen uns in einer Gärtnerei Bambusrohre und zersägen sie in etwa 20 cm lange Stücke. Achtung! Jeweils direkt hinter einer Verdickung (Knoten) durchsägen. Wir binden 20 bis 30 Röhrchen zu einem Bündel zusammen und legen sie horizontal an einen sonnigen Ort, zum Beispiel an eine Hauswand, auf eine Balkonbrüstung oder auf einen Fenstersims. Dabei achten wir darauf, dass der hintere Teil der Röhrchen im Schatten liegt, damit die Larven nicht austrocknen. Wir können die Röhrchen auch mit der Verdickung voran in einen Backstein (Lochziegel) oder in eine Konservendose stecken und sie ebenfalls wie die Bündel so an einen geeigneten Platz legen, dass die Röhrchen waagrecht und frei zugänglich sind.

Möchten wir einen Blick in die Kinderstube der Roten Mauerbiene werfen, nehmen wir ein Bambusröhrchen von ungefähr 6 mm Durchmesser, schneiden es oberhalb der Hälfte entzwei, kleben den Deckel mit Klebstreifen wieder an und legen das so vorbereitete Röhrchen ins Röhrchenbündel oder in den Backstein. Wenn die Biene ihre Bauarbeit beendet hat, ziehen wir das Röhrchen sorgfältig heraus und öffnen den Deckel. So können wir die Entwicklung der Larven verfolgen. Selbstverständlich verschliessen wir das Röhrchen immer wieder und legen es an seinen Platz im Bündel zurück.

Für eine weitere bewährte Nisthilfeart benötigen wir 10 bis 15 cm dicke Laubholzstücke (Eiche, Buche, Esche). Das Holz darf nicht mit Holzschutzmitteln behandelt sein. Wir bohren nun 5 bis 10 cm tiefe Gänge mit einem Durchmesser von 3, 4, 5 und 6 mm. Einige Gänge dürfen bis zu 10 mm Durchmesser aufweisen. Es ist wichtig, dass wir verschieden grosse Gänge bohren, um verschiedenen Insektenarten Unterschlupf zu bieten. Nach dem Ausbohren klopfen wir das Bohrmehl heraus und befestigen die Holzstücke an einem sonnigen, möglichst regengeschützten Platz und warten ge-

Nisthilfen für Wegwespen und Bienen: Die Sandfläche mit Steinen bildet einen Brutort für Wegwespen. Unter dem Fenstersims befinden sich Hölzer mit unterschiedlich grossen Löchern für Mauerbiene und andere Wildbienen.

duldig auf die Mieterinnen. Die Nisthilfen bleiben auch im Winter draussen, da sich die Larven in geheizten Räumen zu rasch entwickeln und viel zu früh schlüpfen oder verdorren. Was tun, wenn die Nisthilfen nicht mehr benutzt werden? Die Zahl der Bewohnerinnen nimmt im Laufe der Jahre zu und ab. Populationsschwankungen sind normal. Wir lassen die verlassenen Hölzer vorerst stehen, da es Larven gibt, die bis zu drei Jahren brauchen, um sich zu entwickeln, und stellen daneben neue Nisthilfen auf.

Vergessen wir auch nie, dass Totholz im Garten künstliche Nisthilfen ergänzt: Wir lassen daher abgestorbene Bäume stehen, dicke Äste und Baumstämme lassen wir liegen, und zwar sowohl an besonnter als auch an schattiger Stelle, zum Beispiel auch unter der Hecke.

Literatur zum Thema: Westrich 1987, 1989; Bellmann 1995; Müller 1997.

54

Die Totenkopf-
schwebfliege *(Myo-
tropa florea)* sieht
einer Wespe täu-
schend ähnlich. Die
fehlende Wespen-
taille und die gros-
sen Augen verraten
jedoch die Fliege.

Besucher von Doldenblütlern

Doldenblütler (Brustwurz, Bärenklau, Pastinak, Wilde Möhre und andere) ergänzen unser Gartenrestaurant und blühen bis weit in den August hinein, wenn andere nektarreiche Blüten bereits verblüht sind. In unserem Garten stehen in der ersten Augusthälfte zwei prächtige Exemplare der Brustwurz in voller Blüte. Was für ein Betrieb an einem sonnigen Tag darauf herrscht: ein ständiges Anfliegen, Auftanken, Abfliegen. Im Augenblick wimmelt es von schwarzgelb gestreiften „Wespen". Eine schwirrt schon sekundenlang an Ort und Stelle, wechselt dann blitzartig ihren Platz und steht und surrt an einem neuen Ort über der Blüte. Aber so bewegt sich doch keine Wespe. Auch fehlt dem Insekt die typische Wespentaille, und die roten Facettenaugen, die in der Kopfmitte zusammenstossen, deuten eher auf eine Fliege als auf eine Wespe. Es ist tatsächlich eine völlig harmlose **Schwebfliege** *(Episyrphus)*. Das Wespenkleid – ein wahres Fastnachtskostüm – täuscht Vögel und andere Räuber, die mit echten Wespen schlechte Erfahrung gemacht haben und daher alles meiden, was einer Wespe ähnelt. Andere Schwebfliegenarten verkleiden sich als Honigbiene oder Hummel.

Die Feldwespe
sucht auf einer Doldenblüte Nektar.

Die Larven vieler Schwebfliegenarten fressen Blattläuse. Das Weibchen fliegt zur Eiablage eine Blattlauskolonie an, die es vermutlich mit dem Geruchssinn ortet. Es klebt dann mehrere hundert Eier meist auf die Unterseite eines Blattes der von Blattläusen befallenen Pflanze. Nach zwei bis fünf Tagen schlüpfen die Larven und jagen nachts die Blattläuse. Untersuchungen zeigen, dass eine Larve in einer Nacht bis zu hundert Blattläuse vertilgt und besser wirkt als ein Insektizid. Wer also mit der Insektizidspritze auf Blattläuse losgeht, tötet auch Nützlinge wie die Schwebfliege. Einige Schwebfliegenarten haben noch eine weitere spannende Eigenschaft: Sie wandern. Erst seit wenigen Jahrzehnten ist bekannt, dass auch unter den Schwebfliegen Langstreckenflieger sind, die im Herbst auf ähnlichen Routen südwärts ziehen wie Vögel und Schmetterlinge und dabei die unglaubliche Strecke von 50 bis 100 km im Tag zurücklegen. Auf dem Col de Bretolet (Wallis, Schweiz) wurden Hunderttausende von Schwebfliegen beobachtet, über 50 Prozent gehörten zur Gattung *Episyrphus*.

Inzwischen sind weitere ausgesprochene Nützlinge auf der Blüte des Brustwurz gelandet. Für die einen ist die Blüte nicht nur Nektartankstelle, sondern auch Jagd- und Balzplatz: Ein **Weichkäferpaar** *(Rhagonycha)* kopuliert gerade. Die etwa l cm langen Käfer leuchten ockerbraun, die Flügelende schwärzlich. Das Weibchen legt später die Eier in den Boden. Die dicht behaarten Larven leben auf oder im Boden und jagen kleine Schnecken und Insekten. Auch die erwachsenen Käfer lauern kleinen Insekten auf, fressen aber auch Blütenpollen und Nektar.

So locken Doldenblütler an sonnigen Tagen eine mannigfaltige Insektenwelt an. Von der Gemeinen Wespe über die Honigbienen zu Schwebfliegen und Weichkäfern und vielen anderen Insekten: Freund und Feind, Räuber und Pflanzenfresser, alle vereinigt auf dem Futter- und Balzplatz oder Jagdrevier.

Heuschrecken

Grünes Heupferd

Das Grüne Heupferd zeugt vom naturnah gepflegten Garten.

Achtung! **Grünes Heupferd** im Garten! Wo? Nirgends ein Pferd sichtbar, und überhaupt, grüne Pferde gibt es nur im Märchen oder in der modernen Malerei. Falsch! Das Grüne Heupferd setzt gerade zu einem gewaltigen Sprung an und verschwindet im Gras. Es ist nämlich eine Heuschrecke. In naturnahen Gärten mit Wiese statt Rasen taucht es zusammen mit dem Gemeinen Grashüpfer und andern Arten häufig auf. Ab Juli bis in den September hinein melden sie sich auch akustisch, denn erst dann sind die Tiere erwachsen und geschlechtsreif. Vom Mittag bis nach Mitternacht verrät lautes Zirpen, wo sie stecken. Heuschreckenfans erkennen daran die Art. Wie Vögel äussert sich jede Art mit einer besonderen Melodie, einige beherrschen sogar verschiedene Melodien: die normale zur Abgrenzung des Reviers und zum Anlocken der Weibchen, den Kampfgesang zweier Männchen und den Werbegesang zur Einleitung der Paarung. Bei gewissen Arten zirpen auch die Weibchen, allerdings viel leiser als die Männchen. Sie bekunden damit, dass sie zur Paarung bereit sind. Übrigens singen Heuschrecken nicht eigentlich. Wie sie die Töne erzeugen, hängt von der Art ab. Die Laubheuschrecken, zu denen auch das Grüne Heupferd gehört, reiben die Vorderflügel aneinander. Andere Arten streichen mit den Hinterschenkeln über die Flügel.

Das Grüne Heupferd wird bis zu 4 cm lang und gehört zu den grössten einheimischen Heuschreckenarten. Trotz seiner Grösse müssen wir uns nicht vor einer biblischen Heuschreckenplage fürchten. Einheimische Heuschrecken leben nicht in Schwärmen und ernähren sich meist von Gras, das Grüne Heupferd zusätzlich von Fliegen, Raupen und sogar Kartoffelkäferlarven. Es gehört also durchaus zu den nützlichen Bewohnern unseres Gartens.

Heuschrecken genau zu bestimmen braucht viel Übung, da die frisch geschlüpften Larven zwar schon wie kleine Heuschrecken aussehen, aber bestimmte Körperteile, zum Beispiel die Flügel, noch nicht entwickelt sind und sich auch die Farbe, besonders nach einer Häutung, von jener des erwachsenen Tieres unterscheidet. Eine Heuschrecke macht wie alle Insekten verschiedene Stadien durch, bis sie erwachsen ist.

Nach der Paarung im Hochsommer legt das Weibchen die Eier in den Boden. Bis zum folgenden Frühling entwickelt sich darin die Larve, die je nach Art und Witterung von Ende März bis Mai schlüpft. Sie häutet sich dann mehrmals, je nach Art zwischen vier- und zehnmal. Die erwachsenen Tiere sterben spätestens in den ersten kalten Novembertagen.

Was können wir im Garten für Heuschrecken tun?

Sollen das Grüne Heupferd und der Gemeine Grashüpfer im Garten heimisch werden, stellen auch sie gewisse Ansprüche. Zwar sind sie nicht besonders wählerisch, was das Futter betrifft, in bezug auf den Wohnraum hingegen schon. Rasen genügt nicht, weil sie sich darin weder verstecken noch an Halmen anklammern können. Sie benötigen also Gras oder andere Flächen mit einheimischen Kräutern und Gehölzen.

> Wir mähen nicht die ganze Wiese auf einmal, sondern nur einen Teil, so dass während des Sommer bis in den November hinein immer eine hohe Krautschicht steht.

Tauchen zwei bis drei Jahre nach einer Umgestaltung keine Heuschrecken auf, holen wir etwa zehn Exemplare vom nächstgelegenen Heuschreckenstandort und setzen sie aus.

Literatur zum Thema: Bellmann 1993

Tiere der Streuschicht

Es herbstet, farbig leuchtet der Wald. Jahr für Jahr packt uns die bunte Pracht von neuem. Warum verfärben sich die Blätter? Ein komplizierter chemischer Vorgang ist dafür verantwortlich: Wenn die Tage kürzer werden, zerfällt der kostbare grüne Farbstoff (Chlorophyll) in farblose Bruchstücke,

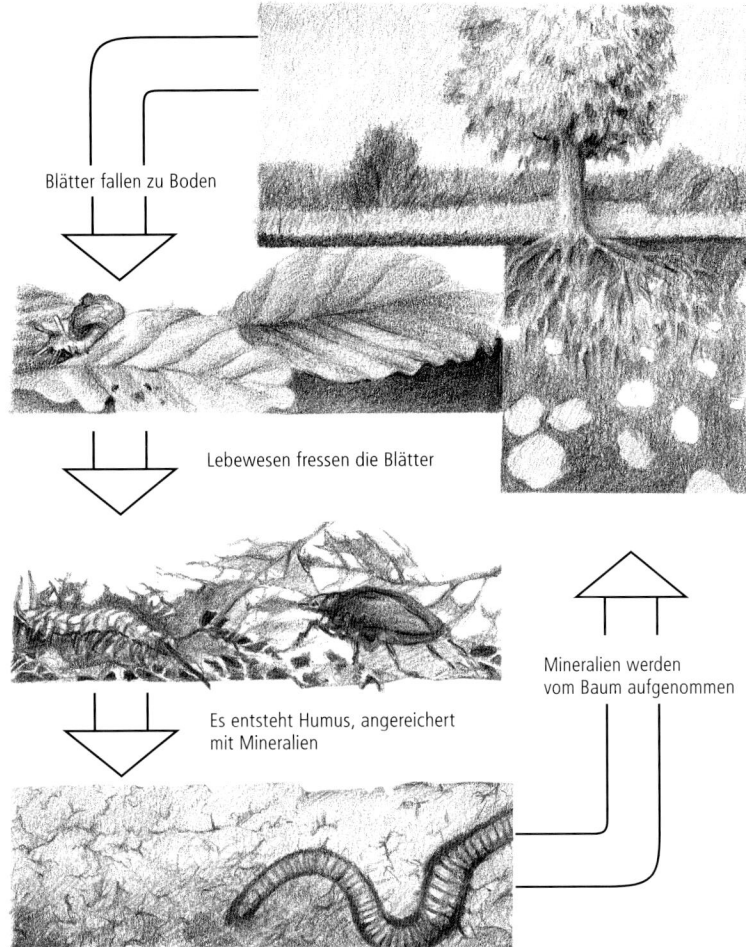

Blätter fallen zu Boden

Lebewesen fressen die Blätter

Es entsteht Humus, angereichert
mit Mineralien

Mineralien werden
vom Baum aufgenommen

die in das Innere des Baumes abtransportiert werden und
dort auf eine neue Verwendung warten. Vorübergehend sind
nun die gelben Farbstoffe sichtbar, die vorher vom Blattgrün
verdeckt worden sind. Die Blätter einiger Gehölzarten bilden darauf noch einen roten Farbstoff. An der Blattstielbasis
entwickelt sich allmählich eine Trennschicht, je nach Gehölzart früher oder später. Schliesslich fallen die Blätter ab.
Damit beginnt für viele Gartenbesitzer eine strenge Zeit:
Laub zusammenrechen oder sogar aufsaugen mit einem
Motorblattsauger, hinein damit in die Biotonne oder gar
verpacken des Laubes in Plastiksäcke und ab in die Müllver-

59

Das leuchtende Rot der Kratzbeere (*Rubus caesius*) sticht aus dem fahlen Gelb der dürren Gräser hervor.

brennungsanlage. Endlich wieder einen sauberen Garten ... Die Rauchwolke aus der Müllverbrennungsanlage zeugt davon. Dies ist äusserst widersprüchlich: wir verschmutzen die Luft, indem wir den Garten reinigen, genauer in Unordnung bringen. In Unordnung bringen? Wer sich mit der Natur auseinandersetzt, weiss, dass diese Reinlichkeit nur im menschlichen Kopf „Ordnung" bedeutet. Für den Garten bedeutet sie höchste „Unordnung", sogar Gefahr. Das Laub schützt nämlich den Boden vor Kälte und Austrocknen und beherbergt eine Menge Lebewesen, die das Laub zu Humus verarbeiten, aus dem die Pflanzen wiederum lebensnotwendige Mineralien beziehen. Entfernen wir das Laub, zerstören wir den natürlichen Stoffkreislauf und richten damit ein heilloses Durcheinander an. Untersuchen wir die Laubschicht, um zu sehen warum. Zerteilen wir mit der Hand das feuchte Laub. Käfer verschiedenster Grösse und anderes Kleingetier krabbeln davon und versuchen ins schützende Laub und ins Dunkle zu entkommen. Graue krebsartige Wesen, ein bis zwei Zentimeter gross, mit sieben Bein- und zwei Fühlerpaaren fallen besonders auf. Es sind **Asseln**, Gliedertiere, die sich von toten Blättern ernähren und so deren Abbau zu Humus unterstützen. Sie sind dabei äusserst wählerisch. An den Eichen- und Rotbuchenblättern tun sie sich erst gütlich, wenn sie nichts Besseres finden. Darum

60

Die Frassspuren an den Blättern verraten die Assel, die zusammen mit anderen Lebewesen zur Humusbildung beiträgt.

verschwinden im Garten nicht alle Blätter gleich rasch. Jene der Esche und Linde, des Hasels und Bergahorns sowie der Hainbuche sind meist bereits im Frühjahr weg, während jene der Rotbuche und Eiche oft erst nach drei Jahren abgebaut sind.

Eine Menge weiterer Laubfresser helfen das Laub beseitigen und die Humusschicht aufbauen. Einer wurde während Jahrhunderten verfolgt, weil die Menschen glaubten, er fresse Pflanzenwurzeln: der **Regenwurm**. 1881 wies Charles Darwin nach, dass Regenwürmer keine Zähne besitzen und Pflanzen nicht schädigen, sondern mit ihrem Kot sogar das Wachstum fördern. Die Mär von den pflanzenfressenden Wüstlingen hielt sich jedoch auf dem Lande hartnäckig. Noch in den frühen fünfziger Jahren unseres Jahrhunderts sammelte unser Nachbar im Gemüsegarten Regenwürmer ein!

Regenwürmer lockern den Boden, indem sie sich buchstäblich durch den Boden fressen. Die Röhrengänge sind Teil des „Lüftungs- und Dränagesystem" des Bodens. Die Hauptnahrung der Würmer besteht aus toter pflanzlicher Substanz, zum Beispiel aus herabgefallenen Blättern, Rasenschnitt und anderem. Wenn wir Rasenschnitt etwa 1 cm hoch auf blanke Erde streuen, können wir beobachten, wie die Grasstreifchen langsam im Boden verschwinden. Der

61

Silberglanz im Winter: Rauhreif am Weiher.

Regenwurm saugt nämlich seine „Rasenbeute" an und zieht sie in seine Wohnröhre. Innerhalb weniger Wochen ist der Rasenschnitt verschwunden und übrig bleiben die typischen Kothäufchen.

Ein gesunder Boden enthält etwa 400 Regenwürmer je m^2. Die Intensivlandwirtschaft hat mit leicht löslichen mineralischen Düngemitteln und synthetischen Pflanzenschutzmitteln die Regenwürmer fast alle vergiftet. Zusätzlich verdichten schwere Landwirtschaftsmaschinen den Boden so sehr, dass Regenwürmer nochmals keine Chance haben. Untersuchungen zeigen, dass in intensiv genutzten Böden nur noch zwischen 4 und 40 Regenwürmer je m^2 leben.

Wer arbeitet sonst noch in der Streuschicht und leistet einen wichtigen Beitrag an die Humusbildung? – **Schnecken!** Es gibt sehr viele Schneckenarten. Längst nicht alle fallen über den jungen Salat im Gemüsegarten her. Verschiedene Arten sind ausgesprochen nützlich, da sie sich vor allem von verrotteten Pflanzen, Tierleichen und Kot ernähren.

62

Untersuchen wir die Streuschicht noch ein bisschen weiter, stossen wir auf weiteres Getier, unter anderem auf seltsame „Würmer" mit einer Menge Beine, die schnell wegrennen in die schützende Erde. **Tausendfüsser** heissen sie, obwohl die Anzahl Beine nie die Tausend erreicht. Die Zahl der Beine hängt von der Länge des Tieres ab. Die frisch geschlüpften Larven haben erst drei Beinpaare und nur wenig Körpersegmente. Im Laufe ihrer Entwicklung häuten sich die Larven viele Male und jedesmal setzen sie mehr Körpersegmente an und je Körpersegment zwei neue Beinpaare. Das ergibt bis zu 300 Beinpaare beim ausgewachsenen Tausendfüsser. Faszinierend wie er es schafft, seine vielen Beinpaare zu koordinieren und wegzurennen. Wie Regenwürmer fressen Tausendfüsser vorwiegend abgestorbenes pflanzliches Material, wandern durch die oberen 10 bis 50 cm des Bodens, durchpflügen den Boden und helfen, ihn zu mischen und zu durchlüften.

Nicht nur den Asseln, Regenwürmern, Schnecken und Tausendfüssern verdanken wir den fruchtbaren Boden, sondern auch 1 bis 2 mm kleinen Winzlingen, die wir ohne Lupe kaum wahrnehmen und schon gar nicht beobachten können. Zu ihnen gehören Urinsekten wie Springschwänze und pflanzenfressende Milben. Blickten wir gar durch's Mikroskop, würde sich uns nochmals eine neue Welt öffnen: jene der unzähligen Pilz- und Bakterienarten, die ebenfalls an der Humusbildung beteiligt sind und für einen gesunden Boden sorgen.

Wie in jedem Biotop bewohnen auch Räuber die Streuschicht, Steinläufer und Laufkäfer zum Beispiel. Der erste gehört zu den Hundertfüssern, ist ein entfernter Verwandter des Tausendfüssers, hat aber eine ganz andere Aufgabe: Er frisst pflanzenfressende Tiere und räumt mit kranken und schädlichen Bodenorganismen auf. Vom Laufkäfer gibt es verschiedene Arten, die die stattliche Grösse von 4 cm erreichen können. Ihre Beute besteht hauptsächlich aus Schnekken und Insekten, zum Beispiel aus dem Kartoffelkäfer, und aus Drahtwürmern.

Im gesunden Durcheinander der Streuschicht hausen ebenfalls Blindschleichen, Molche, Erdkröten, Grasfrösche, Spitzmäuse, Igel und viele andere Tiere, die dort sogar den Winter verbringen und sich von der Kleintierwelt ernähren.

Ordnung der Natur: Das Wirrwar aus dürrem Laub und Ästen unter den Sträuchern bedeutet das Schliessen der Stoffkreisläufe.

Dürres Laub gehört unter die Gehölze und nicht in den Müll. Es deckt und schützt den nackten Boden. Die Bodenlebewesen bauen es zu Humus und Mineralien ab, die dann von den grünen Pflanzen durch die Wurzeln als Nährstoffe aufgenommen werden. So schliesst sich der natürliche Stoffkreislauf – und es herrscht Ordnung.

Kompost – ein eigenes Biotop

Küchenabfälle, Rasenschnitt und weiteres organisches Material aus dem Garten gehören nicht in den Müll, sondern zurück in den Kreislauf der Natur, mit andern Worten: wir kompostieren. Äste und Laub versorgen wir unter Sträuchern in der Hecke, Heu aus der Wiese unter Obstbäumen, Beeren- und Wildsträuchern. Mit Rasenschnitt decken wir nackten Boden ab. Aber Vorsicht! Rasenschnitt nur sehr dünn streuen, denn bereits eine 5 cm dicke Schicht kann sich

64

in eine schleimige, stinkende Masse verwandeln. Wenn wir all diese Möglichkeiten konsequent nutzen, bleiben schliesslich nicht viel Grünabfälle übrig, die wir zusammen mit Küchenabfällen kompostieren.

Es gibt eine Menge Anleitungen, wie zu kompostieren sei und auf welche Art es den besten Kompost gebe. Meistens sind diese kompliziert, so dass viele Leute zurückschrecken und mit der Kompostwirtschaft gar nicht erst beginnen. Zudem ist es selbst für Fachleute schwierig, die Qualität eines Kompostes zu beurteilen.

Auf dem Markt werden verschiedene Einrichtungen wie Komposttonne, Kompostkasten, Gitter und anderes angeboten. Von der Komposttonne raten wir ab. Der Kompostvorgang geschieht darin zwar sehr rasch, muss aber sorgfältig überwacht und betreut werden.

Seit Jahren verwenden wir im Privat- wie im Schulgarten eine sehr einfache und billige Methode: Zuerst wählen wir eine etwa 2 m² grosse Fläche auf Naturboden aus, windgeschützt und schattig, weil an der Sonne das Kompostgut austrocknet und der Abbau gebremst wird. Dann sammeln wir im Haus die organischen Abfälle (Rüstabfälle wie Obst- und Gemüseschalen sowie gekochte Speiseresten) in einem verschliessbaren Plastikeimer. Wenn er voll ist, schütten wir die Abfälle ohne besondere Vorbereitung auf den gewählten Platz. Mit dem Grünzeug aus dem Garten tun wir dasselbe. Wir schichten das Material zu einem länglichen Haufen auf, bis er mit der Zeit etwa 50 cm hoch ist. Dann schaufeln wir den Haufen um, die unterste Schicht, die sich bereits in Komposterde verwandelt hat, kommt zu oberst. Darauf überlassen wir diesen Haufen sich selbst und beginnen daneben einen neuen. Um zu verhindern, dass der alte Haufen ganz mit Unkraut überwuchert wird, bepflanzen wir ihn beispielsweise mit Kürbis, Zucchetti oder decken ihn mit Laub, Heu oder Stroh ab.

Diese einfache Methode hat uns bis heute wenig Probleme beschert, ausser wenn das Kompostmaterial einseitig zusammengesetzt ist, zum Beispiel aus einer Menge gekochter Speisereste aus der Schulkantine oder aus viel Rasenschnitt. Dann beginnt der Kompost zu stinken. Wir lösen das Problem, indem wir das Kompostgut mit dürren Blättern vermischen. Im Herbst legen wir neben dem Kompost einen Laubvorrat an und decken Küchenabfälle oder Rasenschnitt sofort mit Laub zu. Wenn wir weder über Laub noch über Platz für einen Laubvorrat verfügen, streuen wir biologische Kompostzusätze darüber, die im Handel erhältlich sind.

Was tun, wenn Katzen und Elstern das Kompostmaterial weitherum zerstreuen? Wir steckten rund um den Komposthaufen ein 60 cm hohes kunststoffumwickeltes Drahtgitter in den Boden, das leicht entfernt oder anders gesteckt werden kann. Diese einfache Lösung hat sich bewährt. Seither herrscht in der Kompostecke Ordnung.

Komposterde ist vielseitig verwendbar. Untersuchungen haben gezeigt, dass Pflanzen gegenüber Krankheiten widerstandsfähiger sind, wenn sie mit Kompost gedüngt werden. Kompost ersetzt zudem Torf. Damit tragen wir dazu bei, dass nicht noch mehr Moorlandschaften durch den Torfabbau zerstört werden.

Komposthaufen sind auch spannende Lebensräume. Wenn wir einen Haufen umschichten, treffen wir viele Bekannte aus der Streuschicht, stellen aber auch fest, dass je nach Kompostschicht andere Tierarten wirken. In der obersten Schicht, das heißt im noch frischen, feuchten Kompostgut, wimmelt es von kleinen roten Verwandten des Regenwurms, den Mistwürmern, und im eher trockenen Material

---

Kompost – die elegante Art, organisches Material aus Küche und Garten zu verwerten

Das gehört hinein:
- Putzabfälle von Gemüse, Obst, Fleisch, Fisch, Käse
- Speisereste
- verdorbene Nahrungsmittel
- Eierschalen
- Tee- und Kaffeesatz einschliesslich Filterpapier
- ausgemusterte Balkon- und Zimmerpflanzen mit Erdballen
- Schnittblumen
- Kleintiermist
- Wollreste, Federn, Haare

von Asseln. In tieferen Schichten, wo der Abbau schon fortgeschritten ist, finden wir dicke Regenwürmer und Engerlinge. Aber aus diesen Engerlingen entwickeln sich nicht Maikäfer, sondern prächtig grün-blau schillernde Rosenkäfer. Ihre Engerlinge fressen pflanzliches Abfallmaterial und helfen so Kompost bilden. Blindschleichen und Molche verkriechen sich darin, und auf dem Kompost entdecken Meisen, Amseln und andere Singvögel das reiche Nahrungsangebot.

Literatur zum Thema: Buch 1986, Vogtmann 1990

Totholz – das geheime Biotop

Einmal kommt der Tag, an dem im Garten Bäume gefällt werden müssen. Verfügen wir darin über einen Feuerplatz oder über eine Holzfeueranlage im Haus, gibt's kein Problem, was mit dem Holz geschehen soll. Was aber, wenn wir das gefällte Holz nicht verwerten können? Den meisten GartenbesitzerInnen ist die Lösung klar: Schreddern oder Häckseln!
Es geht auch anders, langsamer zwar, dafür biologisch und spannend. Vor einigen Jahren wurde in der Nachbarschaft eine Linde gefällt. Wir ergatterten mehrere Stammstücke (ungefähr 1 m lang und 40 cm Durchmesser), stellten sie in den Garten an den Rand der Einfahrt und kümmerten uns nicht mehr darum.
Kräuter wuchern, packen sie ein, aus der Rinde quellen Schwämme, die Rinde blättert ab... Einige Jahre verstreichen. Einem Einfall folgend, wollen wir einen Stamm hochheben. Wir fassen an und halten die oberen etwa fünf Zentimeter Holz einem „Deckel" gleich in den Händen. Uns verschlägt es fast den Atem: Ineinander verschlungene glänzende Leiber! Das plötzliche Licht weckt sie, und fünf mächtige **Blindschleichen** verschwinden in die Tiefe, ins zerfallene Holz. Auch einige Käfer krabbeln davon. Das Innere lebt. Von aussen kaum sichtbar, haben in einigen Jahren Pilze, Käfer- und andere Insektenlarven ganze Arbeit geleistet und das Holz bereits teilweise zu Mulm verarbeitet

67

und für eine vielfältige Gesellschaft Wohnraum geschaffen, denn nicht nur Blindschleichen gehören zu den Mietern. Nach einigen Tagen heben wir den „Deckel" wieder auf. Diesmal flitzt ein Mäuschen weg, von den Blindschleichen keine Spur. Am nächsten Tag sind die Blindschleichen wieder da, und ein Eidechsenschwanz verschwindet. Später entdecken wir auch Bergmolche, die Unterschlupf für ihr Leben ausserhalb des Teiches gefunden haben, denn sie leben nur von Ende März bis Juni im Teich und verbringen die übrige Zeit im Verborgenen.

Totholz bedeutet während vieler Jahre für unzählige Tierarten Futter, Lebens- und Wohnraum. **Bockkäfer** zum Beispiel, Gäste der Doldenblütler, legen Eier in das Holz. Ihre Larven fressen Gänge, sogar ganze Röhrensysteme bis zu ihrer Verpuppung. Bockkäferlarven leben im und vom Totholz von Nadel- oder Laubbäumen. Durch die Frassgänge dringt Feuchtigkeit ein, Pilze wachsen, und schon sind Käfer da, die auf und von Pilzen leben. In den Gängen nisten sich nach und nach auch Ameisen ein, die zwar kein Totholz fressen, aber Wohnraum gefunden haben. **Pinsel- und Rosenkäfer**, ebenfalls Gäste der Doldenblütler, legen Eier in die Gänge, und ihre engerlingähnlichen Larven leben im und vom morschen Holz. Je mehr Käfer, Pilze, Bakterien am Holz arbeiten, desto rascher zerfällt es und desto mehr Mulm entsteht. Mulm lockt neue Arten an, und zwar äusserst imposante Käfer wie **Schröter** und **Hirschkäfer**. Die Larven beider Arten leben im und vom Mulm und brauchen zwei bis acht Jahre bis zur Verpuppung. Der Hirschkäfer, übrigens der grösste europäische Käfer – das Männchen wird bis zu 9 cm lang –, bewohnt hauptsächlich Eichenwälder und ist leider sehr selten geworden.

Holz zerfällt je nach Art langsamer oder schneller. Gegen Ende des Prozesses beteiligen sich Tiere am Abbau, die wir schon aus der Streuschicht und dem Kompost kennen: unter anderem Asseln und Regenwürmer.

Totes Holz gehört in den Naturgarten, weil es bestimmten, hoch spezialisierten Tierarten wie Bockkäferlarven, Schröter und Hirschkäfer Lebensraum und Nahrung bietet.

Es gibt viele Möglichkeiten, Totholz im Garten zu lagern. Baumstammstücke an einem besonnten Ort werden zum Teil andere Gäste anlocken als Stammstücke im Schatten, und der Abbau wird sich anders vollziehen. Eidechsen zum

Rosenkäfer auf der Blüte der Spierstaude (unten). Ein Pinselkäfer auf einer Distelblüte (rechts unten).

Beispiel suchen sich besonnte, warme Verstecke aus und sonnen sich gerne an warmen, trockenen Plätzchen, auch auf Holz.

Überalterte Obstbäume, die nur noch wenig Früchte tragen und schon zum Teil abgestorben sind, überlassen wir getrost der Natur. Bockkäfer und andere finden sich ein und beginnen ihr Werk. Bald entdeckt der Specht den gedeckten Tisch und hämmert und hackt, dass die Späne fliegen. Keine Angst, die Arbeiter am toten Holz fallen nicht über gesunde Nachbarbäume her. Sobald Frassgänge da sind und der Baum besonnt ist, werden sich auch Wildbienen einfinden, die in den Gängen Nistplätze einrichten. Fürchten wir herabfallende Äste, entasten wir den Baum und lassen den Strunk stehen. Wenn er über einen Meter hoch ist, werden Specht und Wildbienen nicht fehlen.

Häckseln und Schreddern sind also out. Die „Bio-Schredderanlage" ist in, auch wenn sie mehr Zeit braucht, denn es dauert Jahre, bis Holzstrünke vollständig zu Humus abgebaut sind, dafür braucht sie keine Energie, rattert nicht und wartet mit mancherlei Erlebnissen auf.

Wirbellose Wassertiere

Viele Menschen hören beim Anlegen eines Weihers bereits Frösche quaken und sind enttäuscht, wenn Amphibien ausbleiben und nicht einmal der Bergmolch zu den Teichbewohnern gehört. Warum eigentlich gleich enttäuscht sein? Setzen wir uns an den Teich und beobachten einmal fünf Minuten lang, was auf und im Wasser geschieht. Ist der Teich tatsächlich unbewohnt, wie wir geglaubt haben? Durchaus nicht. Elegant flitzt der Wasserläufer – nicht vergebens heisst er auf Englisch „Schlittschuhläufer" (Pondskater) – über die Wasseroberfläche und packt ein Insekt, das am Rand Wasser trinkt. Er ist ein gieriger Räuber und macht auch vor Bienen nicht Halt. Was für ein komisches Ding schwimmt denn dort dicht unter der Wasseroberfläche? Ein

In diesem kleinen Weiher leben über 20 verschiedene Tierarten – was immer wieder Anlass zum Staunen gibt.

Rückenschwimmer! Behende bewegt sich die Wanze auf dem Rücken vorwärts, taucht tiefer hinunter, steigt wieder auf bis knapp unter die Wasseroberfläche. Aber nicht genug. Obwohl Wasserbewohner, kann er fliegen. Wir haben erlebt, dass bereits eine Stunde nach dem Auffüllen eines frisch erstellten Weihers die ersten Rückenschwimmer landeten und den neuen Lebensraum eroberten.

Die Wasserschnecke gibt uns ebenfalls Rätsel auf. Wie bringt sie es fertig, mit dem Haus nach unten an der Wasseroberfläche herumzukriechen? Plötzlich kippt sie leicht seitwärts und am innern Rand des Gehäuses öffnet sich ein Rohr, die Atemöffnung; so wechselt sie die Luft in den Lungen aus.

Im Sommer faszinieren die Libellen. Es gibt verschiedene Arten, die in den prächtigsten Farben schillern: in Türkis, Dunkelblau, Purpurrot usw. Kleinlibellen erkennen wir am schlanken Hinterleib und in Ruhestellung an den über dem Rücken gefalteten Flügeln. Grosslibellen besitzen einen dicken Hinterleib und halten die Flügel in Ruhestellung ausge-

71

breitet. Helikopterähnlich schweben die Wasserjungfern überm Teich und jagen Insekten. Übrigens stechen sie nicht, sind also harmlos. Einige Libellenarten legen die Eier an Pflanzen unter Wasser oder ins Uferbord ab, andere lassen sie einfach ins Wasser fallen. Aus den Eiern schlüpfen Larven, die bis zur vollen Entwicklung ein bis drei Jahre lang im Teich leben. Sind sie ausgewachsen, krabbeln sie an einer Wasserpflanze aus dem Teich, und aus der Hülle schlüpft eine Libelle, ohne dass die Larven ein Puppenstadium durchlaufen.

Dies und noch viel mehr lässt sich sogar in einem sehr kleinen Weiher beobachten.

Was lebt in einem kleinen Weiher?

Im April 1983 legten wir einen Weiher an sonniger Lage an, 2 m lang, 1,6 m breit und 40 cm tief, mit drei senkrechten und einem auslaufenden Ufer. Wir dichteten mit einer Polyethylenfolie ab. Nach dem Auffüllen gossen wir einige Liter Wasser mit etwas Schlamm aus einem Naturweiher hinein und setzten etwa fünf Bergmolche aus. Um den Weiher pflanzten wir Sumpf- und Schlagpflanzen.

Am 5. April und 12. September 1996 machten wir eine Bestandsaufnahme und zählten 23, respektive 24 wirbellose Tierarten. Im April fanden wir noch eine grosse Zahl Bergmolche und im September ihre Larven. Seit 1983 haben zudem mehrmals Erdkröten abgelaicht, und es haben sich Kaulquappen entwickelt. Zur Zeit der Bestandesaufnahmen war der Weiher dicht bewachsen, vor allem mit Ährigem Tausendblatt *(Myriophyllum spicatum)*, das den Weiher fast ganz ausfüllte.

Im Winter ziehen wir mit einem Rechen einen grossen Teil der Wasserpflanzen heraus. Falls im Sommer der Wasserspiegel stark absinkt, füllen wir mit Leitungswasser auf. (Das geschieht zwei- bis dreimal im Jahr.)

Literatur zum Thema: Bellmann 1996, Engelhardt 1996, Ludwig 1993, Oberholzer 1989, Schwab 1995

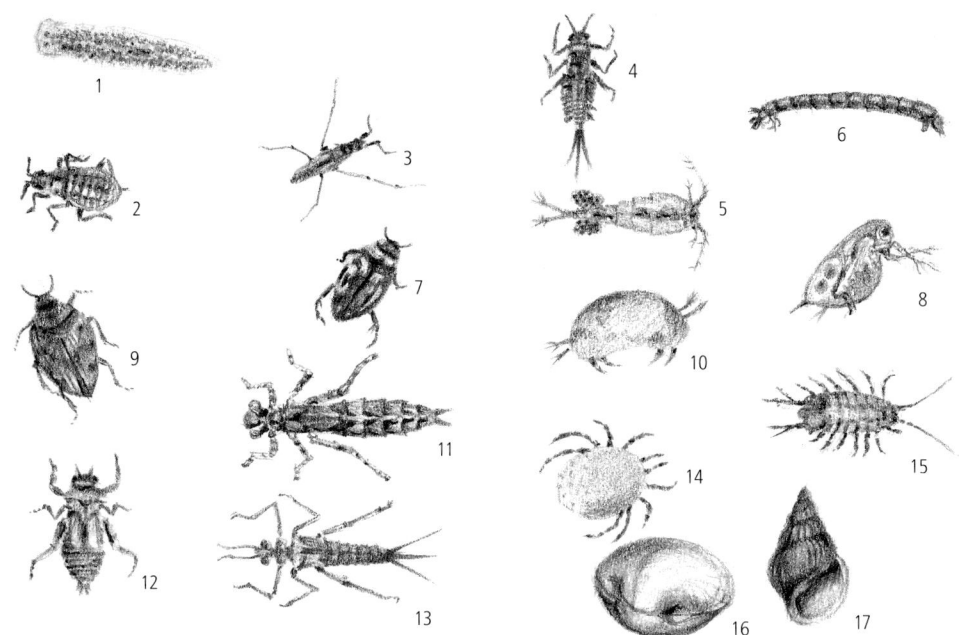

Wirbellose Tiere in einem kleinen Weiher.

Anzahl der Arten wirbelloser Tiere in einem Gartenteich mit rund 3 m² Fläche

Name	Anzahl Arten 5.4.96	Anzahl Arten 12.9.96
Würmer (1)	4	2
Zwergbachläufer (2)	1	1
Wasserläufer (3)	1	1
Eintagsfliegenlarven (4)	1	1
Hüpferling (5)	1	1
Mückenlarven (6)	3	3
Schwimmkäfer (7)		1
Wasserfloh (8)	2	2
Wassertreter (9)	1	1
Muschelkrebs (10)	1	2
Grosslibellenlarven (11 + 12)	2	3
Kleinlibellenlarven (13)	1	1
Milbe (14)		1
Wasserassel (15)	1	
Kugelmuschel (16)	1	1
Schnecken (17)	3	3
Summe	23	24

Fische

Viele Menschen sind von Fischen fasziniert und möchten sie daher in den Gartenweiher aussetzen. Es gibt jedoch nur wenig Arten, die sich dafür eignen, denn Fischarten fliessender Gewässer überleben im Weiher nicht, weil das Wasser zu warm wird und dann zu wenig Sauerstoff enthält.

Für mittlere und grössere Fischarten stehender Gewässer sind die Weiher meist zu klein. Diese Fischarten fressen neben Plankton (Schwebeorganismen) und kleineren bis grösseren Wassertieren auch Laich und Larven von Amphibien, so dass der Weiher verarmt und die Fische überhand nehmen. Ihre Exkremente überdüngen den Weiher, Schwebealgen nehmen zu und trüben das Wasser.

Fremdländische Fischarten wie Sonnenbarsch und Goldfisch gehören ebenfalls nicht in einen Gartenweiher, weil auch sie mit fast allen Lebewesen aufräumen und sich meist stark vermehren.

74

Für den Gartenweiher kommen drei einheimische Arten in Frage, die im Fachhandel erhältlich sind. Allerdings braucht es zum Aussetzen in Gartenweiher je nach Land eine Bewilligung. Fischerei-Inspektorate oder Fischerei-Ämter geben Auskunft. Fische aus Gartenteichen, und zwar einheimische wie fremdländische Arten, dürfen nicht in natürliche Weiher ausserhalb des Gartens ausgesetzt werden, weil sie die Fauna des betreffenden Weihers verfälschen oder sogar bedrohen.

Moderlieschen

Moderlieschen (*Leucaspius delineatus*) werden 6 bis 12 cm lang, leben gesellig, nahe an der Wasseroberfläche und in dichtem Pflanzenbewuchs. Sie fressen Plankton, Mückenlarven und schnappen auch nach Insekten, die dicht über die Wasseroberfläche fliegen. Von April bis Juni legt das Weibchen Eier an Pflanzenstengel und überlässt sie dann der Obhut und Fürsorge des Männchens. Da Moderlieschen kaum überhandnehmen, die anderen Tierarten nicht beeinträchtigen und sich gut beobachten lassen, eignen sie sich für den Gartenweiher bestens.

Bitterling

Bitterlinge (*Rhodeus sericeus amarus*) werden höchstens 9 cm lang und ernähren sich vor allem von Pflanzenstoffen, in geringem Mass auch von Kleintieren. Daher nehmen sie kaum überhand und verändern auch den Artenreichtum des Weihers nicht. Allerdings werden Bitterlinge im Gartenteich Probleme haben, sich fortzupflanzen, weil sie dafür lebende Teichmuscheln benötigen, die sehr schwierig zu halten sind. Das Bitterlingweibchen lässt nämlich ein bis zwei Eier in den Kiemenraum der Muschel gleiten, wo die Eier sich in zwei bis drei Wochen zu Larven entwickeln. Für diese Hilfe wird die Muschel entschädigt, denn ihre winzigen Larven klammern sich ihrerseits an Bitterlinge und zehren von deren Körpersäften, ohne dem Fisch zu schaden. Muschel und Bitterling sind also voneinander abhängig. Wir können auch ohne Muscheln Bitterlinge im Weiher halten. Aber fortpflanzen können sie sich dann eben nicht.

Stichling *(Gasterosteus aculeatus)*

Stichlinge werden 5 bis 8 cm lang, ernähren sich von Kleintieren und können sich auf Kosten anderer Teichbewohner sehr stark vermehren. Sie leben dort, wo der Weiher wenig tief ist und können daher gut beobachtet werden. Besonders spannend ist das Fortpflanzungsverhalten. Das Männchen baut am Weihergrund ein Nest aus Algen und Pflanzen, wohin es dann das Weibchen im Rahmen des Balzspiels führt. Sobald das Weibchen die Eier abgelegt hat, übernimmt das Männchen das Zepter. Es vertreibt das Weibchen und betreut und bewacht das Nest. Wehe den Räubern, die sich in die Nähe wagen! Der Stichling schwimmt sofort auf sie los und vertreibt sie. Wenn die Jungen geschlüpft sind, wacht das Männchen noch während ungefähr einer Woche über die Kleinen. Diese kehren immer wieder ins Nest zurück.

In manchen Gebieten kommen noch weitere Fischarten in Frage. Genaueres erfahren Sie in Muus und Dahlström 1993.

Amphibien

Nahezu alle Amphibienarten sind mehr oder weniger stark bedroht. Viele stehen auf der Roten Liste. Die Zerstörung der Laichgewässer, der Pestizideinsatz in der Landwirtschaft und die Verarmung der Kulturlandschaft sind die Hauptursachen. Legen wir Laichgewässer mit naturnaher Umgebung an, helfen wir, Amphibien zu erhalten, auch wenn dies nur einen Tropfen auf den heissen Stein bedeutet. Nur in wenigen Gartenweihern werden seltene und stark bedrohte Amphibienarten einen neuen Lebensraum finden. Liegt der Garten am Siedlungsrand oder in Waldnähe, ist dies allerdings nicht ausgeschlossen. Bestimmte Amphibienarten wie Erdkröte, Grasfrosch und Alpenmolch können sich von selbst einstellen. Wenn dies nach zwei bis drei Jahren nicht geschieht, versuchen wir, sie anzusiedeln. Doch Vorsicht! In Deutschland, Österreich und in der Schweiz sind alle Amphibienarten in jedem Stadium geschützt, vom Ei bis zum erwachsenen Tier. Wir müssen daher die zu-

Ansprüche der Amphibienarten an den Laichplatz (verändert nach Blab 1996)

Laichplatz	offenes Wasser	Beson-nung	Strukturen im und auf dem Wasser
Grasfrosch	●	○	○
„Wasserfrosch"	●	●	●
Kreuzkröte	●	●	
Erdkröte	●		●
Geburtshelferkröte	●	◖	
Gelbbauchunke	●	◖	○
Bergmolch	●		○
Feuersalamander	●		

● sehr wesentlich   ◖ wesentlich   ○ vorteilhaft

ständigen Behörden um Bewilligung ersuchen. Es ist am sinnvollsten, Amphibien aus Gartenweihern oder aus Gewässern umzusiedeln, die sowieso zerstört werden, beispielsweise aus Kiesgruben oder Tümpeln, die während der Sommermonate austrocknen, bevor sich die Kaulquappen entwickelt haben. Die Amphibien sollten aus der Umgebung stammen, etwa aus einem Umkreis von 30 km, damit sich die angesiedelten Tiere im Erbgut nicht zu stark von jenen der

Die Beziehung der Amphibienarten zum Laichplatz (verändert nach Blab 1996)

	Laichzeit (Monate)						Aufenthalt im oder am Weiher	Distanz vom Laich-platz	Laich-platztreue
	3	4	5	6	7	8			
Feuersalamander							1–3 Tage		– +
Alpenmolch							2–3 Monate	400 m	+
Grasfrosch							wenige Wochen	800 m	+ +
Erdkröte							wenige Wochen	2200 m	– +
„Wasserfrosch"							ganze Zeit		–
Gelbbauchunke							ganze Zeit		–
Kreuzkröte							ganze Zeit		+
Geburtshelferkröte							4 Monate	100 m	

– + = Mehr oder weniger ausgeprägte Bindung an den Laichplatz. Eine Umprägung ist möglich. Sie gelingt um so leichter, je jünger die Tiere sind.

nächsten Umgebung unterscheiden, denn die Vertreter einer bestimmten Art können sich von Region zu Region recht unterschiedlich verhalten. Dies ist offenbar nicht nur äusseren Umständen (Landschaft und Klima) zu verdanken, sondern ist auch in den Erbanlagen verankert.

Mit welchen Amphibienarten können wir im Garten rechnen? Wie müssen Garten und Weiher beschaffen sein, um gewissen Arten Lebensraum zu bieten?

Diese Fragen lassen sich grob beantworten, wenn wir die Lebensweise der häufigsten Amphibienarten kennen. Beachten wir dabei aber auch, dass die Tiere je nach Region früher oder später laichen und sich die Larven langsamer oder schneller entwickeln.

Grasfrosch

Bereits Ende Februar, Anfang März können wir die Grasfrösche in seichten Gewässern beim Laichen beobachten: Das Männchen, das viel kleiner als das Weibchen ist, sitzt auf dem Weibchen. Sobald die Eier austreten, giesst das Männchen seine Samenflüssigkeit darüber. Weibchen legen einen

Im März entdeckt: dunkel verfärbte Grasfrösche, umgeben von ihren Laichballen; rechts ein hellbraunes Erdkrötenpaar.

oft kindskopfgrossen Laichballen, der 800 bis 2500 Eier enthält. Kein Wunder, dass das Weibchen nach der Laichablage sehr mager ist, macht der Laich doch 30 bis 40 Prozent seines Körpergewichtes aus. Nach der Eiablage wandern die meisten Tiere weg und verbringen Sommer und Winter in einem Umkreis von wenigen Kilometern. Ein grosser Teil der Tiere wandert im Frühling zu jenem Gewässer zurück, worin sie als Kaulquappen gelebt haben.

Ansiedlung. Da Grasfrösche meist laichplatztreu sind, sonst aber in der näheren Umgebung auf dem Land leben, siedeln wir keine erwachsenen Tiere an, sondern verpflanzen jungen Laich oder Kaulquappen aus Pfützen, die im Laufe des Frühlings austrocknen und retten die Tiere auf diese Weise. Der Laich soll im Teich möglichst ähnliche Bedingungen vorfinden wie an der Fundstelle. Er muss in seichtes Wasser gelegt werden und darf nicht in die Tiefe sinken, sonst gehen die Eier zugrunde.

Erdkröte

Sie besitzt ausgeprägte Ohrendrüsen und eine viel warzenreichere Haut als der Grasfrosch. Sie überwintert auf dem Land und kommt später an den Weiher als der Grasfrosch, nämlich von Mitte März bis im April. Das Weibchen legt in ein bis zwei Stunden eine mehrere Meter lange Laichschnur. Diese hängt im seichten Wasser oft an Pflanzen oder Zweigen. Nach ein bis zwei Wochen verlassen die Weibchen die Gewässer; die Männchen bleiben oft etwas länger.

Ansiedlung. Erdkröten sind die standorttreusten Amphibien. Deshalb hüten wir uns, erwachsene Tiere anzusiedeln. Laichschnüre umzusiedeln ist ebenfalls schwierig. Wir versuchen es mit Kaulquappen.

Feuersalamander

Die erwachsenen Tiere leben ausschliesslich auf dem Land, vor allem in Wäldern mit Quelltümpeln und Bächen. Sie sind nachtaktiv und zeigen sich am Tag nur bei Regenwetter. Im April setzt das Weibchen in seichte Buchten und langsam fliessende kalte Gewässer 10 bis 70 kiementragende

Larven ab. Der gelbe Fleck an den Beinansätzen unterscheidet sie von Molchlarven. Die Larven benötigen vermutlich sauerstoffreiches Wasser. Gegen Ende des Sommers verwandeln sie sich in Landtiere.

Ansiedlung. Wir versuchen es nicht.

Alpen- oder Bergmolch

Ab Anfang März suchen die Bergmolche das Wasser auf. In Weihern mit wenig Pflanzen können wir vom April bis Anfang Juni die Tiere wochenlang beim Balzen beobachten: Das Männchen folgt dem Weibchen, überholt es, stellt sich ihm quer in den Weg, worauf das Weibchen schnuppert; das Männchen schreitet langsam voran, setzt ein Samenpaket ab; das Weibchen folgt und nimmt mit der Kloake (Geschlechtsöffnung) das Samenpaket auf. Später legt es die Eier einzeln ab, indem es ein Ei nach dem andern in ein gefaltetes Blatt von Wasserpflanzen oder in totes Laub am Grund klebt. Aus dem Ei schlüpft eine längliche Larve mit äusseren Kiemen. Zuerst wachsen die Vorder-, dann die Hinterbeine. Die Larve ist ein Räuber, der ausschliesslich kleine Tiere frisst. Im Spätsommer entwickeln sich die Lungen, die Kiemen bilden

Alpenmolchmännchen im Prachtkleid.

Balz des Alpenmolchs.

Das Männchen schnuppert,

stellt sich quer in den Weg,

schreitet langsam voran,

hebt den Schwanz und setzt das Samenpaket ab.

sich zurück, und das Tier steigt an Land. Im Juni verlassen die erwachsenen Tiere das Wasser und leben versteckt bis zum nächsten Frühling in der näheren Umgebung. Über die Lebensweise auf dem Land ist sehr wenig bekannt. Wir finden erwachsene Molche etwa unter Brettern, unter Totholz oder unter Steinplatten in unmittelbarer Nähe des Weihers.

Ansiedlung. Alpenmolche sind anspruchslos und lassen sich leicht ansiedeln. Im April oder Mai setzen wir einige Weibchen und Männchen in den Weiher: Sie balzen, legen Eier und gründen eine neue Population. Wichtig ist eine naturnahe Umgebung mit vielen Schlupfwinkeln im Laub, im Totholz und sogar in Steinhaufen.

„Wasserfrosch"

Erst seit etwa dreissig Jahren ist bekannt, dass es zwei verschiedene Arten gibt: den Kleinen Grünfrosch *(Rana lessonae)* und den Seefrosch *(Rana ridibunda)*. Aus der Kreuzung zwischen diesen beiden Arten hat sich ein Bastard

81

Mächtig treten die Schallblasen hervor, wenn der „Wasserfrosch" quakt.

entwickelt, der „Wasserfrosch" (*Rana esculenta*). Als Bastard von zwei echten Arten ist er nicht fortpflanzungsfähig, sondern er ist für die Fortpflanzung auf den Kleinen Grünfrosch angewiesen. Paaren sich „Wasserfrösche", sterben die Larven ab. Es ist recht schwierig, die zwei Arten und den Bastard zu unterscheiden.

Die „Wasserfrösche" legen ab Mai kinderfaustgrosse Laichballen in Wasserpflanzen stark besonnter Weiher ab. „Wasserfrösche" überwintern teils im Schlamm des Weihers, teils auf dem Land.

Ansiedlung. Erwachsene und halbwüchsige Frösche sowie grosse Kaulquappen lassen sich gut umsiedeln. Aber aufgepasst! Wasserfrösche quaken bei warmem Wetter recht laut, und bis tief in die Nacht hinein ist ihr Gequake weiterum zu hören, und zwar von Mai bis Juli. Nicht alle Leute sind davon begeistert. Wir sollten daher unsere Nachbarn um Einverständnis bitten, bevor wir Frösche aussetzen.

Seltenere Arten

Kreuzkröten, Gelbbauchunken und Geburtshelferkröten (Glockenfrosch) sind stark bedroht. Ihre Ansprüche an den Lebensraum sind schwierig zu umschreiben, da noch zu wenig darüber bekannt ist. Wir treffen alle drei Arten in krautlosen Pfützen. Die Tiere benötigen eine grössere, vielgestaltige und naturnahe Umgebung mit sonnigen Plätzen und vielen Nischen (Unterschlüpfen). Wahrscheinlich finden wir sie deshalb in Kiesgruben und die Geburtshelferkröten auch in alten Schlossgärten. Äusserst selten ist der Laubfrosch (Wetterfrosch) geworden. In vielen Gebieten ist er sogar ausgestorben.

Ansiedlung. Wir versuchen es nicht.

Im Spätwinter oder im Frühjahr finden wir im Weiher hie und da tote Frösche (meist Grasfrösche). Gras- und Wasserfrösche erfrieren kaum. Sie überstehen unter Umständen sogar das Einfrieren in Eis. Unter einer Eisdecke bewegen sie sich und verbrauchen Sauerstoff, den sie durch die Haut aufnehmen.

Im Weiher baut sich Schlamm auch bei tiefen Temperaturen ab. Dies braucht Sauerstoff. Ist der Weiher wochenlang mit einer Eisdecke bedeckt, dringt kein Sauerstoff mehr durch die Oberfläche. In seichten Weihern kann der Sauerstoff vollständig aufgezehrt werden, so dass die Frösche ersticken.

Literatur zum Thema: Blab 1996, Brodmann und Grossenbacher 1994

Folgerungen für den Weiherbau

Ist uns ein ökologisch wertvoller Weiher wichtig, der vielen verschiedenen Tierarten Lebensraum bietet, achten wir auf folgendes:

1. Ein kleiner Weiher von 3 bis 4 Quadratmetern genügt für Wirbellose und manche Lurche wie Grasfrosch, Erdkröte und Alpenmolch.
2. Eine Tiefe von 30 bis 40 cm genügt für Wirbellose und die meisten Amphibien, vorausgesetzt wir lassen den

Weiher im Sommer nicht austrocknen. Für den Wasserfrosch empfehlen wir eine Tiefe von mindestens 50 cm.

3. Ein Weiher in sonniger Lage ist im allgemeinen artenreicher als einer im Schatten. Trotzdem kann ein schattiger Weiher genau so wertvoll sein, weil er andere Tierarten beherbergt. Die meisten Amphibienarten brauchen sonnige Weiher.

4. Am Weihergrund ist eine dünne Schicht von organischem Material wie Äste, Blätter und Schlamm wichtig als Nische für Kleinlebewesen und als Nahrung für pflanzenfressende Tierarten wie Wasserasseln und Wasserschnecken.

5. Der Ein- und Ausstieg muss gewährleistet sein: mindestens an einer Stelle muss das Ufer flach auslaufen. Im übrigen haben Steilufer den Vorteil, dass wir auf kleiner Fläche (2 bis 4 m^2) ein verhältnismässig grosses Weihervolumen erhalten und damit mehr Lebensraum schaffen.

6. Unterwasserpflanzen wie Hornkraut und Tausendblatt sind für viele Tierarten wichtig als Nahrung, als Lauerplatz für Räuber wie Libellenlarven, als Aufenthaltsraum, als Struktur für die Eiablage von Amphibien, als Versteck, als Sauerstoffspender usw.

7. Gewisse Tierarten wie Rückenschwimmer und gewisse Amphibienarten benötigen offenes Wasser. Falls der Weiher gross genug ist, halten wir einen Teil frei von Pflanzenbewuchs.

8. Da manche wirbellose Tierarten und fast alle Amphibien – je nach Entwicklungsstadium – zeitweise an Land leben, ist eine naturnahe Umgebung wichtig mit Hecke, vielfältiger Krautschicht, laubbedecktem Boden mit Ästen und Totholz ...

9. Mehrere kleine, unterschiedliche Weiher sind ökologisch wertvoller als ein grosser, weil in jedem Weiher teilweise andere Tiere vorkommen. Meist kennen wir die Gründe dazu nicht.

10. Von Fischen mit Ausnahme von Moderlieschen, Bitterling, Stichling (siehe Abschnitt „Fische") raten wir ab, weil sie Laich und Larven fressen.

11. Auch ein Weiher in einem kleinen Garten im städtischen Siedlungsraum mit vielen Strassen ist sinnvoll, weil viele wirbellose Tiere ständig im Wasser leben und gewisse Insekten, zum Beispiel Libellen und Köcherfliegen, ihre Eier ins Wasser ablegen, wo sich dann die Larven entwickeln. Vögel und sogar Fledermäuse sind dankbar für den Insektennachschub und schätzen auch einen kleinen Teich als Trinkstelle. Hingegen setzen wir hier keine Amphibien aus.

Reptilien

Im Abschnitt „Totholz" war bereits von Blindschleichen die Rede. Sie ähneln zwar auf den ersten Blick einer Schlange, sind aber beinlose Verwandte der Eidechse. Blindschleichen sind an den wenigsten Orten bedroht, und wenn der Garten reich an Schlupfwinkeln ist und einen Kompost besitzt, tauchen sie auf und jagen in der Dämmerung unter anderem auch Nacktschnecken, was sie zu hoch willkommenen Gästen macht.

Anders steht es bei den **Eidechsen**. Nördlich der Alpen gibt es nur wenige Arten, und auch die noch recht weit verbreitete Zauneidechse steht auf der Roten Liste. Eidechsen stellen hohe Ansprüche an ihren Lebensraum. Er soll möglichst ungestört sein und eine krautige Vegetation mit Lücken, sonnige Steinhaufen, -mauern oder -platten und niedrige Sträucher enthalten. Eidechsen wie alle Reptilien sind wechselwarme Tiere. Bei kühler Witterung sonnen sie sich gerne auf warmen Steinen, bei regnerischem Wetter kommen sie gar nicht aus ihren Verstecken in Mauerritzen, Totholz und Erdlöchern hervor. Wenn die Sonne allzu stark brennt, verkriechen sie sich in den Schatten. Sie fressen Unmengen Insekten, und diese gibt es nur bei genügend Nektartankstellen und wenn der Garten nicht klinisch rein geputzt ist. Eidechsen sind ortstreu. Es ist schwierig, sie künstlich anzusiedeln. Liegt der Garten hingegen in der Nähe eines bestehenden Eidechsenstandortes ist es möglich, dass er als neuer Lebensraum entdeckt wird.

Das Männchen der Zauneidechse im Prachtkleid auf Brautschau.

Die wärmeliebenden Mauereidechsen sind nördlich der Alpen selten. Sie tauchen trotzdem manchmal an ungewöhnlichen Standorten auf, im Geleiseschotter etwa oder in der Stadt an stark besonnten alten Mauern. Das Areal des Lehrerseminars Solothurn (Schweiz) wird im Nordwesten durch eine alte Klostermauer begrenzt. Dort lebt schon seit Jahrzehnten eine Kolonie Mauereidechsen. Als 1971 das Seminar gebaut wurde, war klar, dass alles daran gesetzt werden musste, die Kolonie zu erhalten. So durfte das an die Mauer grenzende Erdreich nicht bewegt werden. Neben der Mauer wurde zusätzlich ein Steinhaufen errichtet, um den Eidechsen noch mehr Sonnenplatz mit Schlupfwinkeln zu bieten. Der Steinhaufen wird von Zeit zu Zeit gejätet, die Kräuter um den Haufen herum aber werden stehen gelassen. Wenn die Sträucher in der Nähe zu viel Schatten werfen, werden sie zurückgeschnitten. Die Kolonie hat bis heute überlebt. Vor ein paar Jahren tauchten etwa 30 bis 40 m von der Klostermauer entfernt auf der Terrasse Mau-

86

ereidechsen auf. Sie scheinen die Betonbehälter mit der Magerwiesenvegetation aus Natterkopf, Wiesensalbei, Dost und anderen zu bewohnen. Ob es sich tatsächlich um eine neue Kolonie handelt oder ob die Klostermauereidechsen lediglich spazieren gehen, wissen wir nicht.

Im Garten ist die Hauskatze der grösste Feind der Eidechse. Das Jagen liegt Katzen im Blut, und auch wohlgenährte Tiere haschen nach allem, was sich bewegt. Um den Eidechsen die Katze anzuzeigen, legen wir einige dürre Äste auf den Steinhaufen und auf die Krautschicht. Wenn die Katze anschleicht, bewegt sie die Äste, und die Eidechsen verschwinden.

Literatur zum Thema: Blab 1996

Was können wir im Garten für Eidechsen tun?

1. Wir schaffen Plätze, wo Eidechsen sich sonnen und verkriechen können: Trockenmauern, Steinhaufen und Holzhaufen. Diese pflegen wir ausschliesslich in der kalten Jahreszeit.
2. Wir sorgen dafür, dass der Garten viele Insekten anlockt, das heißt reich an einheimischen Blütenpflanzen ist, denn was für Schmetterlinge und andere Insekten gut ist, stimmt auch für Eidechsen.

Vögel

„Alle Vögel sind schon da...", heisst es im Volkslied, und tatsächlich begleitet uns im naturnahen Garten eine bunte Schar durch die Jahreszeiten. Standvögel, Kurz- und Langstreckenzieher, Zugvögel auf Rast, Wintergäste – kurz es herrscht rund ums Jahr ein reger Vogelbetrieb, vorausgesetzt wir richten unseren Garten vogelfreundlich ein.

Um den 20. Februar herum schmettert er zum ersten Mal im Jahr sein „ich, ich, ich, ich, ich schreib der Regierung..." von der Buche im Garten. Seine weissen Flügelbinden leuchten aus dem Geäst. Er flattert einen Ast höher und wiederholt

seine Melodie und kündet vom nahen Frühling. Der Buchfink ist bei uns einer der häufigsten Brutvögel. Überall, wo Bäume stehen, kommt er vor. Im März baut er sein kunstvolles Nest aus Moos, Flechten und Grashalmen ziemlich hoch in Astgabeln von Sträuchern und Bäumen.

Bald weckt uns am Morgen der Gesang weiterer Freibrüter: Amsel, Grünfink und später im März Mönchsgrasmücke. Sie alle bauen ihr Nest in Bäumen und Sträuchern. Zilpzalp und Rotbrust stimmen auch bereits im März in den Gesang ein. Auch sie gehören zu den Freibrütern, bauen aber ihr Nest entweder im dichten Geäst knapp über dem Boden oder sogar auf dem Boden im Dickicht der Krautschicht, im Laub und in dürren Ästen .

Erst spät im April trifft ein rassiger Langstreckenzieher ein, der ebenfalls ein Freibrüter ist, aber besonders hohe Ansprüche an seine Unterkunft und deren Umgebung stellt, der Neuntöter. Er nistet in dichten Hecken mit Dornbüschen und Ausguckwarten und jagt vorwiegend Grossinsekten am Boden. Ist dieser von einer hohen, dichten Krautschicht bedeckt, kann er seine Beute nicht mehr entdecken. Dank gezielter Naturschutzmassnahmen steht der Neuntöter auf der Blauen Liste, und wir kennen einige Privatgärten, wo er verschiedentlich in der dichten, vielfältigen Hecke gebrütet hat.

Ganz andere Wohnprobleme haben die Turn- und Akrobatikkünstler Blau- und Kohlmeise, aber auch Feldspatz, Kleiber, Star und andere. Sie brüten in Höhlen und haben oft Mühe, solche zu finden.

Unsere besonderen Lieblinge sind ein Feldspatzenpärchen mit ihrem haselnussbraunen Kopf und dem dunkelbraunen Wangenfleck. Vor unserer Essecke steht ein Hochstammapfelbaum mit einem Vogelhäuschen, das so plaziert ist, dass wir beim Essen, sozusagen als Zugabe, auch noch die Mieter beobachten können. Vor zwei Jahren tauchte das Spatzenpaar zum ersten Mal auf und machte den Kohlmeisen die Wohnung streitig. Den ganzen Winter über besichtigten Kohlmeisen und Spatzen das Häuschen. Ende März hatten es die Spatzen geschafft: Sie sassen vor dem Häuschen und wehe den Kohlmeisen! Die Spatzen griffen tschilpend an, die Meisen verschwanden. Im April ging der Bau des Nestes

Der Distelfink , ein
einheimischer Para-
diesvogel, findet
sein natürliches
Futterbrett auf dem
Fruchtstand der
Wilden Karde.

89

Ein Grünfink-Männchen stopft die hungrigen Schnäbel seiner Jungen im Spalier des Wilden Weins.

los. Beide Vögel flogen mit dürren Grashalmen an, schlüpften durchs Loch und zerrten die Halme hinein. Oft schauten die Halme noch lange heraus, verstopften den Eingang und verschwanden nach und nach im Innern, wie von Geisterhand gezogen.

Nach ein paar Tagen herrschte Ruhe. Wir fürchteten schon, die Vögel hätten doch eine andere Unterkunft gesucht. Ab und zu hüpfte ein Feldspatz auf dem Baum herum. Sonst passierte nichts. Dann beobachteten wir, wie einer herausflog und bald wieder hineinschlüpfte und nicht mehr erschien. Offenbar war das Brutgeschäft im Gange. Männchen und Weibchen unterscheiden sich nicht und teilen sich partnerschaftlich ins Brutgeschäft. Nach etwa 14 Tagen änderte sich die Lage. Alle 2 $\frac{1}{2}$ bis 3 Minuten flog ein Altvogel mit vollem Schnabel an, schlüpfte ins Häuschen, kam sofort wieder heraus, der zweite Vogel verschwand, der oft schon auf dem Zweig vor dem Loch gewartet hatte. Nach einigen Tagen, hörten wir bei offenem Fenster die Jungen piepsen.

Im Asthaufen hinter dem Teich brütet ein Zaunkönig.

Wenn das Futter kam, schwoll das Piepen an, wenn der Altvogel weg war, wurde es leiser. Und noch etwas später schaute das Köpfchen eines jungen Spatzes heraus, dann krallte er sich am Innern Rand des Flugloches fest, balancierte, fiel wieder in den Kasten zurück.

Leider verpassten wir schliesslich das Ausfliegen der Jungen. Unsere Spatzenfamilie war plötzlich weg, und die Frage blieb unbeantwortet, wie viele Jungen es wohl seien. Am nächsten Tag lockte uns lautes Piepsen und Tschilpen ans Fenster. Auf dem Gartenzaun hüpften vier junge Feldspatzen herum, piepsten, riefen, bettelten Futter. Die Altvögel jagten über den Stauden beim Teich Insekten und stopften damit die hungrigen Schnäbel der Kleinen. Nestlinge und oft noch die flüggen Jungen unserer Samen und Körner fressenden Singvögel werden mit Insekten und Räupchen aufgezogen und erst nach und nach an die pflanzliche Nahrung gewöhnt.

Vom Frühsommer bis weit in den Herbst hinein verköstigen sich verschiedene Vogelarten an den Sämereien in der

91

Wiese und an den Stauden am Heckensaum, jagen Insekten und lesen Blattläuse und andere ab. Verschiedene Meisenarten turnen an den Halmen der Spierstauden und der Schmalblättrigen Weidenröschen, und Distelfinke kämpfen um einen Platz am Fruchtstand der Karde. Kaum röten die Beeren des Vogelbeerbaumes, fallen Amseln, Singdrosseln und Grünfinken darüber her und räumen in wenigen Tagen ab. Andere Sträucher locken mit reifen Beeren, zum Beispiel der Schwarze Holunder. Sogar die Mönchsgrasmücke, eigentlich eine Insektenfresserin, nascht von der süssen, schwarzen Pracht. Nicht nur Vögel zehren davon, sondern auch verschiedene Insekten wie Taufliege und Rüsselkäfer. Von diesen wiederum leben Schlupfwespen und Spinnen. Welch Schlaraffenland also für Mönchsgrasmücke & Co.

Während des Vogelzuges im Herbst wird vor allem unsere Hecke mit der Wiese davor zu einem Fünf-Sterne-Hotel mit Restaurant für Insektenfresser und Vegetarier. Schade, dass das Laub die Gäste verbirgt und sehr viel Geduld nötig ist, um herauszukriegen, wer alles Station macht. Im Frühjahr, wenn die Sträucher noch laublos sind, ist dies einfacher. Nachtigall, Wendehals, Dorn- und Klappergrasmücke und Teichrohrsänger gehörten schon zu unseren vornehmen Kurzaufenthaltern.

Was können wir im Garten für Vögel tun?

Viele Vogelarten sind zwar weniger spezialisiert und anspruchsvoll als Schmetterlinge. Aber auch sie brauchen wie Schmetterlinge einen vielfältigen, nischenreichen Garten mit Hecke, Blumenwiese, Stauden, sogar einem Weiher, dürren Fruchtständen, Laub, Asthaufen… Kurz: was Schmetterlingen und Insekten recht ist, ist Vögeln billig.

Bereits eine sanfte Umgestaltung, nämlich die Umwandlung von Rasen zu Wiese, lockt mehr Vögel an. Dies zeigen die Ergebnisse einer zweijährigen Beobachtung an einer 100 m^2 grossen Fläche (nach Bezzel 1975, verändert).

Nisthilfen. Die Gewohnheit, im Wald und im Siedlungsraum alte Bäume mit natürlichen Höhlen und tote Bäume sofort zu fällen, beraubt viele Singvögel der Nistplätze. Ähn-

Wie viele Vogelarten finden auf Rasen und Wiese Nahrung?

	Wiese	Rasen
Samen fressend	Stieglitz (1) Bergfink (2) Buchfink (3) Gimpel (4) Haussperling (5) Zitronenzeisig (6)	
Insekten fressend	Kohlmeise (7) Sumpfmeise (8) Bachstelze (9) Rotkehlchen (10) + sieben weitere Arten	Kohlmeise Bachstelze Rotkehlchen
Bodentiere fressend	Amsel (11) Singdrossel (12)	Amsel

93

liches geschieht, wenn Häuser renoviert und Schlupflöcher unter dem Dach verstopft werden. Glücklicherweise nehmen die meisten Höhlenbrüter künstliche **Nisthilfen** an, jede Art den ihr gemässen Kasten mit entsprechender Grösse, Form und entsprechendem Einflugloch. Kästen können selbst gebaut werden, sind aber auch im Handel erhältlich. Auskünfte erteilen Vogelschutz- und Naturschutzorganisationen (Adressen siehe Anhang).

Viele Höhlenbrüter wie Meisen, Kleiber, Baumläufer, Specht und andere suchen die Nahrung für die Jungen in der unmittelbaren Umgebung des Kastens, jede Art auf ihre besondere Weise, Meisen zum Beispiel häufig an feinen Zweigen und an Stengeln von Stauden, Feldspatzen hingegen jagen Insekten im Flug über krautigen Pflanzen. Weil das Futterangebot beschränkt ist, verteidigen sie ihr Revier gegen Artgenossen und nahe Verwandte. Aus diesem Grund können nicht beliebig viele Nistkästen aufgehängt werden. In einem Garten von etwa 800 m² reichen drei bis vier Kästen. Seien wir aber nicht enttäuscht, wenn nicht jedes Jahr alle Kästen bewohnt sind.

Andere Arten, wie Star, Schwalben und Mauersegler, legen auf der Nahrungssuche sehr grosse Distanzen zurück, Mauersegler bis zu 100 km, und kommen so ihren Artgenossen kaum in die Quere. Darum brüten diese Arten häufig in Kolonien. Wir befestigten an unserem Haus unterm Dach 24 Mauerseglerkästen, die bereits im dritten Jahr besetzt waren.

Im Winter entfernen wir aus den Kästen die Nester (ausser jene der Mauersegler), weil sie voll Parasiten sind.

Übrigens nächtigen auch in den Wintermonaten Meisen und andere Vögel oft in Nistkästen, und während der Brutzeit werden leere Kästen von nicht brütenden Vögeln als Unterschlupf genutzt.

Winterfütterung ist unnötig, weil Vögel, die bei uns überwintern, sehr gut an die kalte Jahreszeit angepasst sind. Untersuchungen zeigen zudem, dass sie kaum zu einem besseren Überleben beitragen. Andererseits ist es natürlich spannend, Vögel am Futterhäuschen aus nächster Nähe zu beobachten. Wer also auf Winterfütterung nicht verzichten will, tue dies massvoll.

94

Was brauchen Vögel?

Nahrung: Insekten, Samen, Früchte
- einheimische Pflanzen in Wiese, Hecke, Kiesfläche usw.
- dürre Fruchtstände, Laub, Äste, Totholz
- offenen Kompost

Wasser zum Trinken und Baden
- Weiher

Nistgelegenheiten
- Asthaufen für Zaunkönig
- Hecken, Bäume, Spalier für Freibrüter
- Nistkasten für Höhlen- und Halbhöhlenbrüter
- Nisthilfen für Schwalben
- Nischen an und in Gebäuden für Halbhöhlenbrüter

Unterschlupf
- Hecke, Bäume, Spalier

Literatur zum Thema:
Bestimmen: Heinzel 1996
Lebensweise: Bezzel 1995
Nisthilfen: Bezzel 1996, Ruge 1989, Schulze 1994

Säugetiere

Beim Wort Säugetiere im Garten fallen uns vielleicht zuerst Hauskatzen ein, die unseren Garten als Jagdgrund auswählen und mit gespitzten Ohren sprungbereit vor dem Teich lauern oder frech auf dem Apfelbaum vor dem Vogelhäuschen sitzen und den Feldspatzen passen... Katzen sind überall anzutreffen und ärgern uns auch, wenn sie ab und zu einen Vogel erwischen, was sich zum Glück auf den Vogelbestand nicht negativ auswirkt. Hingegen können Katzen in einer ungeschützten Eidechsenanlage mit den Bewohnern aufräumen.

Es soll hier aber nicht um Haustiere gehen, sondern um Wildtiere, denen wir im Garten selten begegnen, so dass es allemal ein Ereignis ist, wenn wir zum Beispiel eine **Spitz-**

95

In diesem „Durch-
einander" fühlt sich
der Igel wohl. Wo
ist er?

maus oder einen Igel treffen. Eine Spitzmaus? Wer nun abwehrt, weil Wurzel fressende Mäuse im Garten unerwünscht sind, irrt. Spitzmäuse sind trotz ihres Namens keine echten Mäuse, keine Nager, sondern Verwandte des Igels, die sich von Insekten, zum Beispiel von Asseln, Räupchen, Schnecken und anderen Kleintieren ernähren. Mit der langgezogenen, spitzen Schnauze stöbern sie ihre Beute in Ritzen und Spalten, unter Grasbüscheln und zwischen Moospolstern auf. Sie sind wahre Vielfrasse und tragen zur Schädlingsbekämpfung bei. Die Tiere sind äusserst scheu und flink, und ihre Nester fallen nicht auf, so dass es schwierig ist, sie zu beobachten. Doch manchmal verrät unerwartet ein hohes Fiepen ihre Anwesenheit:

Beim Sitzplatz, im Schutz des Daches, wo der Regen kaum hinkommt, steht eine alte Kletterrose, die am Fuss von hohem Gras umgeben ist. Als es wochenlang nicht regnete, griffen wir zur Giesskanne ... ein hohes, lautes Fiepen ertönte. Spitzmäuse hatten sich im Dickicht eingenistet und beschwerten sich über die unfreiwillige Dusche und zeugten vom geheimen Leben in unserem Garten, das immer wieder für Überraschungen sorgt.

96

Nachtleben im Garten

Eines Nachts, Anfang Juni fuhren wir aus dem Schlaf auf: Geräusche vor dem Fenster – ein Dieb? Dann lautes Zischen, Schnauben. Vorsichtig öffneten wir den Fensterladen. Unter uns zwei Igel auf dem frisch gemähten Wiesenstück. Das Geräusch des Ladens reichte bereits, sie verschwanden im hohen Gras der nicht gemähten Wiese. Ob da ein Igel seine Igelin gefunden hat? Igel sind nämlich Einzelgänger, und nur während der Paarungszeit von Mai bis August kann es zur beschriebenen Begegnung kommen. Igel sind Nachttiere, die in der Abenddämmerung ihren Schlafplatz verlassen, um auf kurzgeschnittenen Wiesen, unter Sträuchern und im Laub nach Käfern, Raupen, Regenwürmern und kleinen Schnecken zu suchen. Ein Komposthaufen am Weg ist für Igel ein wahres Schlaraffenland, und sie verschmähen auch Küchenabfälle nicht.

Auf ihren Streifzügen legen vor allem während der Brunftzeit Männchen beträchtliche Distanzen zurück. Wegstrecken von bis zu 5 km und Aktionsradien bis zu 2 km sind dann nichts Aussergewöhnliches. Igel haben ein ausgezeichnetes Orientierungsvermögen. Wie sie sich orientieren, ist allerdings nicht bekannt. Beobachtungen zeigen, dass sie ihr Streifgebiet sehr genau kennen und ein erstaunliches Raumgedächtnis haben. So steuern sie zielgerichtet auf Durchschlüpfe in Zäunen und Mauern zu und kehren auch nach mehreren Tagen zu ihren Schlafstätten zurück. Igel haben meistens mehrere Schlafplätze, die sie je nach Standort benutzen. Sie verschlafen nicht nur den Tag, sondern auch den Winter.

Nach der Untersuchung von Zingg (1994) legen sich nicht alle Tiere gleichzeitig schlafen, und im Frühling stehen auch nicht alle zur selben Zeit auf. Die Männchen begannen den Winterschlaf in der zweiten Hälfte Oktober, Anfang November folgten Jungtiere, die vor August geboren wurden, und in der zweiten Novemberhälfte die Weibchen. Bis Ende Dezember konnten noch Jungtiere beobachtet werden. Im Frühjahr beendeten Männchen und Jungtiere den Winterschlaf etwa einen Monat vor den Weibchen, nämlich Mitte bis zweite Hälfte März.

Es ist also normal, dass uns im Dezember noch Igel über den Weg laufen und kein Grund, die Tiere einzusammeln und im Haus zu überwintern. Igel sind Wildtiere und seit Jahrtausenden bestens für den Winter ausgerüstet. Beobachtungen zeigen auch, dass Tiere, die in Gefangenschaft überwintern, nach dem Auswildern geringere Überlebenschancen haben, als solche, die den Winter in Freiheit verbracht haben.

Was können wir im Garten für Igel und Spitzmaus tun?

1. Wir verwenden im Garten kein Gift.
2. Hecken und Sträucher, auch dornige Arten, deren Äste bis zum Boden reichen, sind ein Muss. Wir lassen dürres Laub unter der Hecke liegen und die Kräuter am Heckensaum wachsen. Abgeschnittene Äste versorgen wir unter der Hecke und legen zusätzlich Asthaufen an. So schaffen wir Lebensraum für Insekten, Spinnen und anderes Kleingetier, die alle auf dem Speisezettel der Igel und Spitzmäuse stehen, gleichzeitig aber auch Unterschlupf für Spitzmäuse, Tagesschlafstätten und Überwinterungsorte für Igel. Das Aufstellen von Igelhäusern und das Bauen von Nisthilfen sind somit überflüssig.
3. Wir mähen in der Wiese mit dem Handrasenmäher Wege. Nicht nur Menschen flanieren gerne, auch Igel benützen gerne Wege und suchen Futter im geschnittenen Gras.
4. Wir machen Komposthaufen (Futterplatz) für Igel zugänglich.
5. Wir öffnen bei Gartenzäunen Durchschlüpfe.
6. Wir versehen steilufrige Gartenteiche mit Ausstiegshilfen. Das können zum Beispiel aufgeschichtete Steine oder ein schräggestelltes Brett mit Querleisten sein.
7. Wir decken den Swimmingpool zu.
8. Wir vergittern steilwandige Gruben und Schächte.

Je abwechslungsreicher der Garten, desto igel- und spitzmausfreundlicher ist er.

Im Gegensatz zur Hausmaus besitzt die Spitzmaus eine spitze Schnauze.

Breitflügel-Fledermaus guckt aus ihrem Unterschlupf in einer Baumhöhle.

Der nächtliche Spuk in der Luft

Kurz nach Sonnenuntergang geht der Spuk los: Lautlos gleiten Fledermäuse die Hecke entlang, flattern über die Wiese, bleiben rüttelnd stehen... Hätten wir einen Ultraschalldetektor, hörten wir die Peilrufe der Tiere. Wahrscheinlich sind es Langohren, die unseren Garten als Jagdgebiet erkoren haben, denn die Langohren flattern knapp über Bäume und Sträucher oder über die Bodenvegetation, peilen herumkrabbelnde Insekten an und lesen sie direkt vom Blatt, Stengel oder Boden ab. Sie verschlingen vor allem Nachtfalter und deren Larven, Spinnen, sogar Ohrwürmer und natürlich Mücken.

Andere Fledermausarten erhaschen ihr Futter im Flug, denn jede Art jagt auf ihre Weise und beansprucht einen ganz besondern Flugraum: Hoch am Himmel, zwischen Bäumen und Sträuchern, dicht über der Vegetation. Allen Arten gemeinsam ist ein Riesenappetit auf Insekten. Eine Fledermaus frisst in einer Jagdnacht rund ein Drittel ihres Körpergewichtes. Nun sind für Fledermäuse Insekten nicht gleich Insekten. Einige Arten sind Generalisten, das heißt, sie fressen alles Insektenartige, was ihnen vor die Schnauze kommt, andere sind ausgesprochen wählerisch, spezialisiert, zum Beispiel auf Grossinsekten. Fledermäuse sind nicht nur Insektenvielfrasse und somit auf insektenreiche Lebensräume angewiesen, sondern sie stellen auch an ihre Unterkünfte höchste Ansprüche, denn diese müssen verschiedenen Zwecken dienen: Schlafen am Tag, Wochen- und Kinderstube, Schlafen im Winter. Einige Fledermausarten verstecken sich tagsüber in Gebäuden oder in Mauerspalten, andere in Baumhöhlen, aber auch in Fäulnishöhlen und Spalten in und unter der Baumrinde. Estriche und Dachstöcke von Kirchen sind beliebte Wochenstuben, und den Winter verschlafen einige Arten in Höhlen und Stollen.

Kurz: Fledermäuse brauchen vielseitige Lebensräume. Kein Wunder also, dass die meisten einheimischen Fledermäuse im deutschen Sprachraum auf der Roten Liste stehen. Die Intensivlandwirtschaft, das Abholzen alter Bäume mit Höhlen in Wäldern und Obstgärten, die uniformen Gärten im Siedlungsraum mit sterilem Rasen, fremdländischen Bodendeckern und Sträuchern, das hermetische Abdichten von Hausmauern und die chemische Behandlung von Dachstöcken dürften unter anderem die Schuld tragen. Erkenntnisse aus neuen Forschungsarbeiten zeigen, wie wir auch im privaten Bereich Fledermäusen helfen können.

Was können wir im Garten für Fledermäuse tun?

1. Wir pflanzen einheimische Sträucher und Bäume, die bei Nachtfaltern beliebt sind: verschiedene Geissblattarten (*Lonicera* sp.), Wildrosen, Efeu *(Hedera helix)*, Gewöhn-

licher Schneeball *(Viburnum opulus)*, Schwarzdorn *(Prunus spinosa)*, Schwarzer Holunder *(Sambucus nigra)*, Liguster *(Ligustrum vulgare)* und andere.

2. Wir pflanzen auch Blumen, die nachts blühen: Nickendes Leimkraut *(Silene nutans)*, Aufgeblasenes Leimkraut, Taubenkropf *(Silene vulgaris)*, Gewöhnliche Nachtkerze *(Oenothera biennis)*, Seifenkraut *(Saponaria* sp.), Weidenröschen *(Epilobium* sp.).Im Kräutergarten lassen wir die Kräuter blühen: Gartensalbei *(Salvia officinalis)*, Gewöhnlicher Dost *(Origanum vulgare)*, Minze *(Mentha* sp.), Melisse *(Melissa officinalis)*.

3. Wir legen einen Gartenteich an und schaffen Lebensraum für Insekten, deren Larven sich im Wasser entwickeln. Gleichzeitig eröffnen wir damit den Fledermäusen eine Trinkstelle. Eine „Fledermaus-Trinkstelle"
   - muss eine offene Wasserfläche aufweisen, worauf keine Pflanzen wachsen.
   - muss gut anliegbar sein, da Fledermäuse meist im Flug trinken. Sie brauchen darum eine ungefähr 1 m breite An- und Wegflugschneise, wo die Vegetation nicht höher als 30 cm ist.

4. Wir schaffen Fledermausquartiere. Wie wir dabei vorgehen und was wir am eigenen Haus vorkehren können, darüber geben uns Naturschutz- und Fledermausschutz-Organisationen Auskunft.

Was für Schmetterlinge und andere Insekten gilt, trifft auch für Fledermäuse zu: Je vielfältiger und blumenreicher der Garten ist, desto grösser die Chance, dass Fledermäuse auftauchen.

Literatur zum Thema: Hausser 1995, Stutz und Haffner 1992/93, Wildermuth 1996, Zingg 1994

Biologische Grundlagen für den Gartenbau

Auf einer Wanderung im Gebirge bleiben wir erstaunt vor einem Felsblock stehen. Kaum zu glauben – darauf wächst ein Tännchen! Einen unwirtlicheren Standort hätte es sich nicht aussuchen können. Woher es bloss die Nahrung nimmt? Wir gehen um den Felsblock herum und sehen ihn genauer an. Hier ist er von einer bunten flächenhaften Kruste bedeckt, von Flechten; dort macht sich bereits ein samtiges Moospolster breit, woraus Gräser und eben unser Tännchen spriesst. Wie können Pflanzen so extreme Standorte wie Felsen besiedeln?

Wie Pflanzen ihren Lebensraum erobern

Als erste wachsen auf den Felsen Flechten. Daher nennt man sie auch Erstbesiedler (Pioniere). Mit ihren Wurzelfäden (Rhizomen) dringen sie in Felsritzen und Spalten ein und klammern sich fest. Sie gehören zu den widerstandsfähigsten Pflanzen überhaupt. Weder beissender Frost und Winterstürme noch glühende Hitze und wochenlange Trockenheit können ihnen etwas anhaben. Sind Feuchtigkeit und Temperatur günstig, wachsen sie langsam weiter. Im hochalpinen Gebiet finden wir jahrtausendealte Flechten. Übrigens verschmähen Flechten auch „künstliche Felsen", also Beton, nicht.

In den Flechten bleibt Wasser länger haften als auf dem Fels; darin sammeln sich Staub und kleine Humusmengen. Zugleich scheiden Flechten geringe Mengen chemischer Stoffe aus, die die Felsfläche aufrauhen und so Bedingungen für die Ansiedlung von Pflanzen auf dem Felsblock schaffen, zum Beispiel von Moosen. Auch sie ertragen die extremen Be-

Flechten (im Bild als graue und gelbe Flecken zu sehen) besiedeln als erste den Felsen, Moose folgen; im Moospolster wachsen später Hauswurz, Gräser und andere Blütenpflanzen.

dingungen auf dem Felsblock, wachsen aber nur, wenn Feuchtigkeit und Temperatur stimmen. Felsmoose sind keine Erstbesiedler; sie sind auf eine Unterlage aus organischem Material oder auf geringe Humusmengen angewiesen. Auf die Moospolster fallen Samen verschiedenster Pflanzen, die Wind, Wasser oder Tiere verbreiten. Da das Moospolster Wasser aufsaugt wie ein Schwamm, bildet es ein günstiges Keimbeet. Natürlich gedeihen nicht irgendwelche Pflanzen auf diesem kargen Boden. Es sind wiederum solche, die langanhaltende Trockenheit, Hitze und Kälte ertragen und sich mit den wenigen Mineralien begnügen, die sie im Moos finden.

Was sich hier auf kleinstem Raum abspielt, geschieht auch im grossen, wo Pflanzen öde, wüstenähnliche, mit Steinen übersäte Flächen besiedeln. So geschehen zum Beispiel im Bergsturzgebiet von Arth Goldau am Fusse der Rigi (Schweiz): Am 2. September 1806 brach nach starken Regenfällen der Rossberg. 15 bis 20 Millionen Kubikmeter

103

Gestein donnerten zu Tal und begruben innerhalb von Minuten die liebliche Landschaft zwischen Rigi und Rossberg mit dem Dorf Goldau unter einer 25 m dicken Gesteinsschicht. Heute führen Wanderwege durch den „Goldauer Schutt", eine wahre Traumlandschaft. Zwar liegen die wuchtigen Rossbergquader immer noch da, wo sie die Naturgewalten aufgeschichtet haben, doch nahmen mittlerweile Wiesen, Tannen, Föhren und Buchen von dem einstigen Trümmerfeld Besitz. Das Bergsturzgebiet ist heute berühmt für seine Flora und Fauna.

Ähnliches geschah nach der letzten Eiszeit vor ungefähr 10 000 Jahren im schweizerischen Mittelland, in weiten Teilen Deutschlands und Österreichs. Das Klima wurde wärmer, die Gletscher zogen sich zurück und hinterliessen Sand- und Steinwüsten, die nach und nach von Pflanzen besiedelt wurden.

Ob Kleinsträume (zum Beispiel ein Felsblock) oder grössere Gebiete (etwa ein Felssturzgebiet) oder ganz grosse Räume wie Gletschervorfelder neu besiedelt werden, immer geschieht es nach der gleichen Regel: Bestimmte Pflanzenarten erscheinen als erste, andere folgen und verdrängen die Pioniere. Die Pflanzengesellschaft verändert sich dauernd. Ohne das Eingreifen des Menschen endet diese Entwicklung vom Tiefland bis hinauf zur Baumgrenze beim Wald. Ausnahmen bilden extreme Standorte wie Seen, Sumpf und Felsen.

Beispiel Kiesgrube

Die Abfolge der Pflanzenarten ist erstaunlich, ernähren sich doch alle grünen Pflanzen auf die gleiche Weise: Aus dem Boden entnehmen sie Wasser und Mineralien, aus der Luft Kohlendioxid, und Energie beziehen sie direkt von der Sonne. Trotzdem kommen einzelne Pflanzenarten an diesem Standort vor, andere an jenem. Da spielt offensichtlich noch anderes mit.

Streifen wir durch eine Kiesgrube. Kiesgruben sind spannend, weil auf kleinem Raum Flächen mit unterschiedlicher Bodenbeschaffenheit vorkommen: solche, die jahrelang unberührt geblieben sind, andere, die ein oder wenige Jahre in Ruhe gelassen worden sind, und wieder andere, die dauernd genutzt werden.

Auf einer spärlich bewachsenen kieshaltigen Materialaufschüttung lockt in den ersten warmen Frühlingstagen die kleine gelbe Blütensonne des Huflattichs die frühen Schmetterlinge an. Sie sitzt auf einem kurzen Stengel, wenige Zentimeter über dem Boden. Und das Aussergewöhnliche daran: Der Huflattich blüht, lange bevor sich die grünen Blätter entwickelt haben. Sobald die Blume verblüht ist, beginnt der kurze Stengel zu wachsen, und der Blütenkopf neigt sich langsam nach unten. Wenn die Samen fertig entwickelt sind, überragt der Stengel die Erde um 30 bis 40 cm. Dann richtet der Fruchtstand den Kopf auf, die ideale „Startrampe" für die Sämchen ist bereit. Diese tragen nämlich einen Fallschirm ähnlich wie jene des Löwenzahns. Schon fährt ein Windstoss hinein und bläst sie weg, oft Hunderte von Metern weit.

Inzwischen haben sich auch die 10 bis 30 cm breiten schwärzlich-gezähnten Blätter entwickelt. Sie sind beidseitig filzig behaart und ziemlich dick. Warum wohl? Im kieshaltigen Boden versickert das Wasser rasch, und die Pflanze muss extreme Trockenheit und Hitze ertragen. Die Filzschicht schützt die Blätter vor dem Austrocknen. Auf der Blattoberseite löst sie sich mit der Zeit ab. Graben wir nun einen Huflattich aus – im kieshaltigen Boden kein Problem -, entdecken wir eine weitere Ausrüstung, die der Pflanze hilft, die schlechten Lebensbedingungen zu meistern. Meterlange weisse Gebilde, Erdsprosse, wovon feine Wurzelhaare ausgehen, führen tief in den Boden. Oft sind sie mit andern Huflattichen zu einem regelrechten Netz verbunden.

Betrachten wir eine weitere Aufschüttung. Darauf wuchern über einen Meter hohe Pflanzen: Ackersenf, Weisser Gänsefuss und andere, die den Boden vollständig bedecken. Welch eine Unterschied! Warum spriessen hier die Stauden üppig, während der „Huflattich-Hügel" kaum bewachsen ist? Die Bodenbeschaffenheit birgt des Rätsels Lösung: Die Erde ist nämlich humusreich, also auch reich an Mineralien. Humusreiche Erde speichert zudem viel Wasser, so dass die Wachstumsbedingungen äusserst günstig sind. Vielleicht haben wir

105

Der Huflattich ist ein ausgesprochen anspruchsloser Frühlingsbote.

schon gestaunt, wie rasch auf Erdaufschüttungen, zum Beispiel bei Bauplätzen, Pflanzen aus dem Boden spriessen und in wenigen Wochen die Erde vollständig bedecken.

Eigentlich komisch, dass der Huflattich auf der humusreichen Aufschüttung nicht vorkommt. Schliesslich trägt der Wind seine Samen Hunderte von Metern weit, so dass sicher auch Huflattich-Fallschirmchen im Humus landen. Der Huflattich wächst sehr langsam, Weisser Gänsefuss, Ackersenf und andere hingegen sehr rasch, so dass in Kürze eine dichte, oft über einen Meter hohe Krautschicht den Boden bedeckt und den langsam wachsenden Arten wie dem Huflattich das Sonnenlicht stiehlt. Ohne einen Platz an der Sonne hat eine Pflanze keine Lebenschancen. Die Pflänzchen sterben ab. Sie werden also von den raschwüchsigen verdrängt. Weisser Gänsefuss und Ackersenf gewinnen den Konkurrenzkampf. Was geschieht mit ihren Samen auf kieshaltigen mageren Böden? Die Samen spriessen zwar, aber nur kümmerlich; gelegentlich wird die Pflanze nur 10 cm hoch. Vielleicht blüht sie sogar. Kommt aber eine längere Trockenperiode, stirbt sie ab. Ihr Wurzelwerk ist zu schwach entwickelt, und durch die zarten Blätter verdunstet zuviel Wasser.

Jede Pflanzenart ist mehr oder weniger ausgeprägt an einen bestimmten Standort angepasst und kann sich darauf andern Pflanzen gegenüber durchsetzen. Dem Huflattich gelingt dies auf offenem, eher humusarmem Boden, dem Weissen Gänsefuss auf offenem, humusreichem. In diesem ständigen Konkurrenzkampf spielt sich eine Pflanzengesellschaft immer wieder neu ein.

Dynamik einer bewachsenen Fläche
- Jede bewachsene Fläche ist das Ergebnis eines ständigen Konkurrenzkampfes unter verschiedenen Pflanzenarten.
- Diejenigen Pflanzen, die an den betreffenden Standort am besten angepasst sind, gewinnen, das heißt sie überleben, blühen und fruchten.
- Raschwüchsige Pflanzen gewinnen auf nährstoffreichem, langsamwüchsige auf magerem Boden.
- Der Konkurrenzkampf läuft ständig. Jede Fläche verändert sich von Jahr zu Jahr und entwickelt sich früher oder später im Unterland zu Wald, falls der Mensch nicht eingreift.

Welche Faktoren bestimmen einen Standort?

Grundsätzlich sind auf allen Standorten drei Faktoren ausschlaggebend, ob eine Pflanzenart gedeiht oder nicht:
- Bodenbeschaffenheit
- Klima
- Eingriffe des Menschen

Bodenbeschaffenheit

Über Bodenbeschaffenheit und Extremstandorte haben wir bereits etwas gehört und dabei bemerkt, dass der Boden bei der Besiedlung eine wesentliche Rolle spielt. Beschäftigen

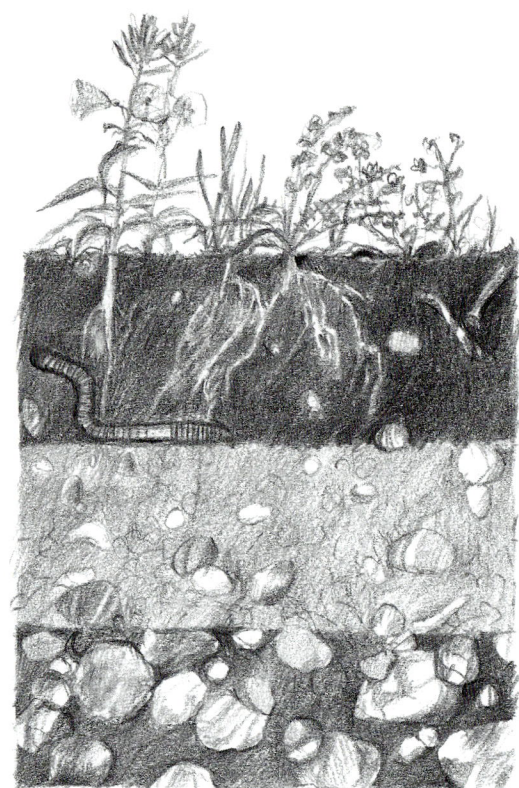

Krautschicht

Streuschicht:
ungefähr 5 cm, belebt

Humusschicht:
10 bis 30 cm,
Hauptwurzelraum, belebt,
gut durchlüftet, hoher Humus-
gehalt

Mineralschicht:
bis in 250 cm Tiefe verwitter-
tes Gestein,
Wasserreservoir, nach unten
abnehmend belebt

Muttergestein:
unverwittertes Gesteins-
material

Aufbau des Bodens.

wir uns nun etwas genauer mit ihm. Warum sieht er nicht überall gleich aus? Warum ist er einmal heller braun, einmal dunkler, sogar schwarz; dann wieder gelb oder ockerrot? Die Antwort ist einfach und kompliziert zugleich. Die Farbe hängt von der Beschaffenheit ab, vom mineralischen und organischen Material.

Ein Grünlandboden setzt sich mengenmässig aus folgenden Bestandteilen zusammen:

45 %vol (Volumenprozent) mineralisches Material (Steine, Sand, Ton usw.)

7 %vol organisches Material (mehr oder weniger zersetztes Pflanzen- und Tiermaterial)

25 %vol Wasser

23 %vol Hohlräume (Luft)

Mineralisches Material. Beim festen Material überwiegt der mineralische Anteil. Je nach Grösse der Bodenteilchen bezeichnen wir Steinmaterial als Ton, Sand, Kies, Geröll und Blöcke. Diese Begriffe sagen nichts über die Zusammensetzung eines Gesteins aus; sie beziehen sich lediglich auf die Grösse. Lehm ist ein Gemisch aus Ton und feinem Sand.

Je feiner das Bodenmaterial, desto kleiner die Räume zwischen den einzelnen Bodenteilchen, aber desto grösser die Saugkraft des Bodens und desto geringer die Wasserdurchlässigkeit. Je wasserhaltiger der Boden, desto kühler ist er und desto langsamer erwärmt er sich. Ein solcher Boden neigt zur Verdichtung. Er ist zwar reich an Mineralien und an Wasser, was für die Pflanzen im Grunde günstig ist, aber wegen der kleinen Zwischenräume bleibt der Boden schlecht belüftet, was sich auf das Wurzelwachstum und somit auf die Pflanzen negativ auswirkt.

Wie beeinflußt die Korngrösse die Eigenschaften des Bodens?

Kies	Sand	Ton
2–63 mm	0,06–2 mm	0,02 mm und kleiner

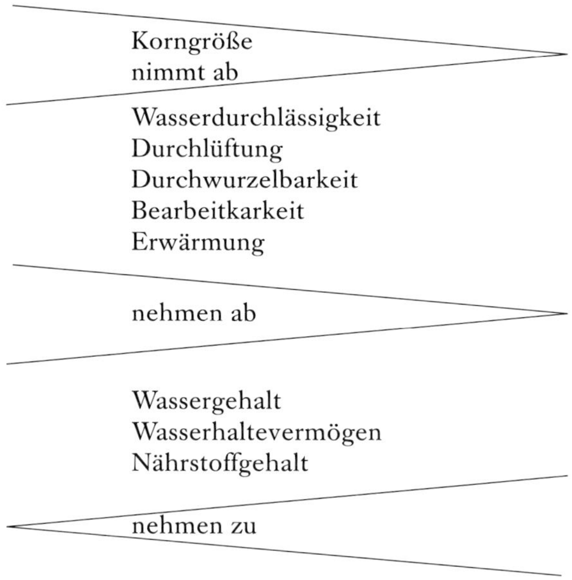

Korngröße
nimmt ab

Wasserdurchlässigkeit
Durchlüftung
Durchwurzelbarkeit
Bearbeitkarkeit
Erwärmung

nehmen ab

Wassergehalt
Wasserhaltevermögen
Nährstoffgehalt

nehmen zu

109

In einem gröberen Boden sind die Hohlräume grösser, das Wasser fliesst rascher ab, und die Poren füllen sich mit Luft, die für die Atmung der Wurzeln wichtig ist. Solche Böden trocknen rasch aus, liefern der Pflanze also wenig Wasser und bieten ihr auch wenig mineralische Nährstoffe an. Beide Extreme sind für Pflanzen ungünstig.

Wie bestimmen wir grob Ton, Lehm und Sand?
Wir nehmen feuchtes (nicht nasses) Material in die Hand, sortieren Steinchen mit über 2 mm Durchmesser aus. Dann reiben wir das Material zwischen den Fingern und versuchen, eine möglichst dünne Wurst zu drehen. Was fühlen wir dabei?

<u>Sand</u> enthält deutlich fühlbare und sichtbare Körner. Er lässt sich auch feucht nicht zu einer Wurst formen.

<u>Sand mit Lehmanteil.</u> Der Sandanteil ist zwischen den Fingern deutlich fühlbar. Je weniger Sand der Boden enthält, desto schmieriger ist er, dafür aber um so besser formbar. Solches Bodenmaterial lässt sich zu einem bleistiftdicken Würstchen drehen, bricht aber beim Biegen immer.

<u>Lehm</u> (Gemisch von Ton und feinstem Sand). Den grobkörnigen Teil spürt man zwischen den Fingern schwach. Beim Reiben am Ohr gibt es ein leises Knirschen. Lehm klebt am Spaten. Er lässt sich sehr gut zu dünnen Stäbchen formen und fühlt sich schmierig an. Lehm lässt sich mit dem Fingernagel glätten, Kratzspuren sind sichtbar.

<u>Ton.</u> Körner sind nicht mehr spürbar (auch zwischen den Zähnen nicht). Das sehr klebrige Material lässt sich sehr gut zu feinsten Stäbchen formen und lässt sich biegen.

Diese Methode, den Boden zu beurteilen, eignet sich auch für humushaltiges Bodenmaterial. Können wir aus feuchter Erde ein bleistiftdickes Würstchen drehen, ohne dass es auseinanderfällt, ist die Erde lehmhaltig. Je besser formbar sie ist, desto mehr Lehm respektive Ton enthält sie.

Nun spielt noch ein weiterer Faktor eine Rolle, ob eine bestimmte Pflanze auf einem bestimmten Standort gedeiht, nämlich die im Boden vorherrschende **Gesteinsart**. Kalksteinarten und Basalt zum Beispiel verwittern stärker und geben daher mehr Mineralien ab als der widerstandsfähigere Granit.

Die chemische Zusammensetzung der Gesteinsart und unter Umständen auch des organischen Materials bestimmt den Säuregrad des Bodens. Kalkhaltige Böden sind basisch oder neutral, solche aus Urgestein sauer. In Fichtenwäldern ist der Boden immer sauer, weil die herabgefallenen Nadeln jeden Boden sauer machen.

Jede Pflanzenart stellt gewisse Ansprüche an den **Säuregrad** des Bodens. Einzelne Arten gedeihen nur auf saurem oder auf kalkreichem Boden, andere auf beiden. Im allgemeinen sind annähernd neutrale Böden mit gut ausbalanciertem Mineralstoffangebot für die Pflanzen am besten.

Organisches Material. Alles Material, das von Lebewesen stammt, bezeichnen wir als organisch = von Organismen stammend. Chemisch gesehen setzt sich alles organische Material aus Kohlenstoff-Wasserstoff-Verbindungen zusammen.

Woher kommt das organische Material? Pflanzen sterben ab. Insekten, Asseln, Bakterien, Pilze fressen und zersetzen die toten Pflanzen. Übrig bleibt der mit Mineralien angereicherte Kot dieser verschiedenen Tiere, der dann teilweise auch wieder Nahrung für andere Lebewesen ist. Schliesslich wird das organische Material teils zu anorganischem Material, zu Mineralien abgebaut, teils in Humus umgewandelt. Humus quillt leicht und kann so Wasser speichern, das von den Pflanzen aufgesogen wird. Zugleich bindet Humus Mineralien so fest, dass sie vom Regen nicht ausgewaschen werden können und den Pflanzen zur Verfügung stehen. Es gelingt ihnen nämlich, dem Humus Mineralien zu entziehen. Humus ist also auch ein wichtiger Mineralspeicher und daher nährstoffreich.

Einen humusreichen Boden erkennen wir an der dunkelbraunen bis schwarzen Farbe. Ist die Erde beige oder rötlich, mit Steinen durchsetzt, ist sie oft mager. Aufgepasst: Stellen wir mit der Fingerprobe fest, dass gelbliche Erde gut formbar ist, also viel Lehm enthält, ist auch ein solcher Boden nährstoffreich.

Nährstoffreichtum erkennen wir vorerst am üppigen Pflanzenbewuchs, aber auch an den Pflanzenarten, die darauf wachsen. Wuchern Stumpfblättriger Ampfer, Weisser Gänsefuss oder Ackersenf üppig, ist der Boden sehr nährstoffreich. Wir können also, ohne den Boden zu untersuchen, anhand bestimmter Pflanzen (Zeigerpflanzen) die Bodenqualität grob beurteilen.

Klima

Regen, Wind, Sonnenschein und Temperatur im Jahreslauf prägen ebenfalls die Pflanzenwelt einer Region. Dazu gesellt sich das Klima, das einem bestimmten Standort eigen ist. Was heisst das? Ein Beispiel: An die Südseite eines alten, von einer Mauer umgebenen Parks grenzt eine Wiese mit Gräsern, Löwenzahn, Scharfem Hahnenfuss und anderen. Uns fällt auf, dass an einer halbmondförmigen Stelle an der Mauer andere Blumen blühen, nämlich Bärlauch, Lerchensporn, Goldnessel usw., alles Kräuter, die wir aus dem Laubwald kennen. Ein Blick nach oben: die weit ausladenden Äste einer Blutbuche beschatten die Stelle. Deshalb sind die Wiesenpflanzen verschwunden, die viel Sonnenlicht benötigen. Schattenpflanzen haben deren Platz eingenommen.

Der Lebensraum ändert sich also je nach Sonneneinstrahlung. Im Schatten ist es auch feuchter und die Temperatur tiefer. Die Besonnung ist also beim einzelnen Standort der entscheidende Klimafaktor.

Eingriffe des Menschen

Wir vergessen oft, wie stark der Mensch seit Jahrtausenden, seit dem Aufkommen der Landwirtschaft im 4. Jahrtausend v. Chr., in die Natur und die Landschaft eingreift. Unterhalb der Waldgrenze ist überall in Mitteleuropa die Landschaft und damit die Natur vom Menschen gestaltet und geprägt - abgesehen nur von Ausnahmen wie Felspartien. Heute erleben wir das Eingreifen des Menschen als negativ. Früher war dies anders. Hochgelegene Dörfer im Wallis (Schweiz)

Kulturlandschaft im Wallis: Äcker wechseln ab mit Heuwiesen, Weiden, Trockenrasen, durchsetzt mit Fusswegen und Trockenmauern, Gehölzgruppen und Heustadeln. So entsteht Lebensraum für eine vielfältige Pflanzen-und Tierwelt.

zeigen uns noch heute, was wir mit positivem Eingriff des Menschen in die Natur meinen und wie die Landschaft früher auch in tiefen Lagen ausgesehen haben mag. Dort, wo das Dorf liegt, wuchs im frühen Mittelalter Bergwald. Vor allem vom 9. bis 12. Jahrhundert n. Chr. rodeten Siedler einen Teil des Waldes und wandelten ihn in Kulturland um. Noch heute wirkt diese Landschaft auf engstem Raum vielfältig und abwechslungsreich. In den höheren Lagen oberhalb des Dorfes liegen blumenreiche Heuwiesen; in der Nähe der Siedlung (1500 m über Meereshöhe) werden auf kleinen Äckern Kartoffeln, Getreide und Saubohnen angepflanzt und einige Flächen als Wiesen bewirtschaftet. Mauern aus aufgeschichteten Steinen terrassieren die steilen Felder und bieten vielen Pflanzen und Kleintieren wie Spinnen, Wildbienen, Grabwespen und Eidechsen Lebensraum. Verstreute Obstbäume und Gebüschgruppen runden das Bild einer ausserordentlich vielgestaltigen Kulturlandschaft ab. Wie schön, durch ein solches Gebiet zu wandern, sich an

113

Im Sommer blühen Weidenröschen, Spierstaude, Jakobsgreiskraut und Malven. Die Umgestaltung erfolgte vor 10 Jahren.

farbenprächtigen Wiesen zu freuen, summende Insekten, bunte Schmetterlinge und seltene Vögel wie Neuntöter und Braunkehlchen zu beobachten, die bis in die fünfziger Jahre auch im schweizerischen Mittelland und in grossen Teilen Deutschlands und Österreichs heimisch waren.

Diese Kulturlandschaft behält ihre Reichhaltigkeit nur, wenn die Felder weiterhin bebaut und die Wiesen traditionell bewirtschaftet werden, das heisst ohne leichtlösliche mineralische Düngemittel (Kunstdünger). Würden Felder und Wiesen nicht mehr bewirtschaftet, verbuschten sie, und es entstünde wieder Wald. Wird Kunstdünger gestreut, was leider immer häufiger auch in höheren Lagen geschieht, verwandelt sich eine artenreiche Blumenwiese in eine artenarme Fettwiese, wo höchstens noch Löwenzahn, Scharfer Hahnenfuss und Sauerampfer überleben. Der Kunstdünger macht nach einiger Zeit auch diesen den Garaus. Übrig bleiben einige wenige Grasarten. Aus einer blumenreichen

114

Wiese ist eine armselige „Kunstwiese" geworden. Nun wird auch häufig geschnitten, bis zu fünfmal im Jahr. Wiesenvögel wie das Braunkehlchen können nicht brüten und sterben aus.

Der Eingriff des Menschen schafft, bewahrt und zerstört also Lebensräume. Die Art der Pflege entscheidet, ob ein Biotop vielfältig und reichhaltig ist oder verarmt.

Bedeutung für den Gartenbau

Auf Wanderungen treffen wir immer wieder Pflanzen, die uns besonders gut gefallen, und wir seufzen: „Wüchse doch dieses Prachtexemplar in meinem Garten!" Bevor wir Samen sammeln oder die Pflanze beschaffen, beurteilen wir den Standort der Pflanze und überlegen, ob wir ihr in unserem Garten einen möglichst ähnlichen Platz bieten können, denn einheimische Pflanzen gedeihen an dem ihnen gemässen Standort am besten.

Beurteilen eines Standortes

Um den Standort grob beurteilen zu können, beantworten wir folgende Fragen:

Bodenbeschaffenheit: Ist der Boden nährstoffreich und feucht (humusreich oder lehmig) oder nährstoffarm und trocken (humusarm, sandig oder kiesig)?

Klima: Ist der Standort während des ganzen Jahres den ganzen Tag über besonnt oder nur für ein paar Stunden, oder liegt er etwa ganz im Schatten?

Eingriff des Menschen: Beeinflusst der Mensch den Standort durch Säen, Pflanzen, Düngen, Jäten, Mähen usw.?

Bestimmungsbücher geben Auskunft über Standortansprüche einer Pflanze: Schauer und Caspari 1996, Adler 1994, Lauber und Wagner 1996, Oberdorfer 1994

Je besser der Standort im Garten jenem der gewünschten Pflanze oder Pflanzengesellschaft entspricht, desto eher gelingt es uns, sie anzusiedeln und desto rascher werden sie sich ohne aufwendige Pflege vermehren. Wollen wir nun die natürliche Abfolge der Pflanzengesellschaften oder das Überhandnehmen einer Art verhindern, müssen wir jene Pflanzen ausjäten, die „unsere" Pflanzen bedrohen. Schon oft haben wir beobachtet, wie bestimmte Pflanzen während einiger Jahre üppig spriessen und prächtig blühen, plötzlich aber verschwinden und an einer anderen Stelle im Garten wieder auftauchen.

Dies erlebten wir in unserem eigenen Garten mit dem Schmalblättrigen Weidenröschen. Wir pflanzten wenige Exemplare, die sich rasch ausbreiteten und bald eine Fläche von etwa 20 m^2 bedeckten. Mit den Pflänzchen hatten wir einen Erdspross der Waldhimbeere eingeschleppt. „Prima, Waldhimbeere", dachten wir zunächst. Aber die Himbeeren waren stärker; die Weidenröschen verschwanden von der Fläche. Wir hatten eben nicht beachtet, dass Himbeeren in Konkurrenz zu den Weidenröschen stehen. Die Weidenröschen sind aber nicht aus dem Garten verschwunden, sondern spriessen an mehreren andern Stellen. Dies ist nur möglich, weil wir zurückhaltend jäten. Im Waldhimbeerschlag reissen wir selbstverständlich regelmässig die keimenden Bäume aus, um zu verhindern, dass sich hier mit der Zeit eine Gehölzgruppe entwickelt.

Allgemein gilt: Nährstoffreiche Standorte sind arbeitsintensiver als magere, weil Pflanzen auf nährstoffreichem Boden rascher wachsen.

Pflanzen sind kompliziert, und wir kennen ihre Ansprüche nur grob. Die einen sind in der Standortwahl äusserst wählerisch und gedeihen nur, wenn ihre eng umrissenen Ansprüche erfüllt sind, andere wie zum Beispiel der Löwenzahn sind überhaupt nicht anspruchsvoll und wachsen auf nährstoffreichen wie recht mageren Flächen. Der Natterkopf wiederum erträgt die Nachbarschaft von raschwüchsigen, hohen Stauden schlecht, und der Sonnentau keimt nur auf moorigen, sauren Böden und mag ebenfalls grosse Nachbarn nicht. Gelingt es uns nicht, eine bestimmte Pflanze anzusiedeln, gefällt ihr offensichtlich der Standort nicht. Ein weiterer Versuch lohnt sich kaum.

116

Seifenkraut (im Vordergrund), das wochenlang blüht, ziert diesen Naturgarten. Die Umgestaltung erfolgte vor elf Jahren.

Dynamik des Gartens

Vergessen wir nie, die Bausteine des Gartens sind Pflanzen – Lebewesen, die wachsen, sich verbreiten, verschwinden, unerwartet an einem andern Ort wieder auftauchen. Diese Dynamik nutzen wir im Naturgarten und versteifen uns nicht darauf, bestimmte Blumen jahrelang am selben Standort zu haben. Wir denken in Lebensräumen, die sich entwickeln und verändern, und schaffen sie, indem wir zum Beispiel unterschiedliches Bodenmaterial einbringen: Hier mageres Material, sogar Kies, dort nährstoffreicheres; stark besonnte Stellen wechseln mit schattigen. Wohl säen und pflanzen wir einiges an. Doch lassen wir genügend Raum für Pflanzen, die sich spontan einstellen. So ändert sich der Garten von Jahr zu Jahr. Wir lassen uns immer wieder von Neuem überraschen und sind nicht traurig, wenn Altes verschwindet, weil sich der Standort verändert hat. Wenn wir ein Pflänzchen nicht kennen, geben wir ihm eine Chance

117

und beobachten, was daraus wird. Natürlich jäten wir oder schneiden Pflanzen zurück, wenn eine Art überhand nimmt oder uns nicht gefällt.

Folgerungen für den Gartenbau
1. Pflege ist nötig, weil sich ohne Eingriffe jeder Standort zu einem Gehölz entwickelt.
2. Je besser wir die Standortbedingungen für die gewünschten Pflanzenarten treffen, desto weniger Pflege; je weniger die Standortbedingungen einer Pflanze entsprechen, desto mehr Pflege.
3. Je reichhaltiger und artenreicher ein Garten auf kleinem Raum ist, desto aufwendiger wird die Pflege sein.
4. Wegen des Konkurrenzkampfes der Pflanzenarten verändert sich jeder Standort von Jahr zu Jahr. Diese Veränderung gezielt und sanft zu steuern, sich daran zu freuen und nicht an ganz bestimmten Blumenarten festzuhalten, macht den Reiz des Naturgartens aus.

Die besonders attraktive Kornrade zählt zu den Ackerbegleitpflanzen.

Welche Pflanzen sind einheimisch?

Einheimische Pflanzen sind Arten, die in der Landschaft von Natur aus vorkommen und sich vermehren - im Gegensatz zu den Kulturpflanzen, die gesetzt und ständig gehegt und gepflegt werden müssen, damit sie überleben. Auf den ersten Blick scheint diese Definition klar, auf den zweiten jedoch tauchen Fragen auf: Gehören auch Arten dazu, die in den letzten Jahrhunderten oder gar Jahrzehnten aus aussereuropäischen Ländern eingeschleppt worden sind und sich nun in der Landschaft vermehren, zum Beispiel das Drüsige Springkraut, der Japanische Staudenknöterich und die Kanadische Goldrute?
Als sich nach der letzten Eiszeit die Gletscher zurückzogen und Sand- und Steinwüsten zurückliessen, wurden diese nach und nach von Pflanzen aus den gletscherfreien Gebieten besiedelt. Botaniker bezeichnen nun jene Pflanzen als einheimisch, die nach der letzten Eiszeit spontan, das heisst

Die Rabatte birgt ausschließlich einheimische Blumen.

aus eigener Kraft und ohne Zutun des Menschen, einwanderten und sich bis heute gehalten haben.

Bis zur Jungsteinzeit, etwa 5000 bis 3000 v. Chr., lebten die Menschen als Jäger, Sammler und Fischer. Sie veränderten die Landschaft kaum. Dann begannen Siedler die Wälder zu roden, machten das Land urbar und trieben Viehzucht. Später entstanden Felder, die mit Hecken abgegrenzt wurden. Durch den Handel mit den Mittelmeerländern und mit Vorderasien kamen schon bald eine Reihe Kulturpflanzen nach Mitteleuropa. Mit ihnen wurden auch Ackerbegleiter eingeschleppt, die in der vom Menschen veränderten Landschaft Lebensraum fanden. So wanderten mit direkter oder indirekter Hilfe des Menschen von der Jungsteinzeit bis zur Entdeckung Amerikas 1492 n. Chr. immer neue Arten ein. Diese werden „alteingebürgert" oder „alteingeschleppte" Pflanzen (Archäophyten) genannt.

Für uns sind die Alteingebürgerten auch einheimisch, weil sich viele Tiere an sie angepasst haben und mit ihrer Lebensweise von diesen Pflanzen abhängen.

119

Aus archäologischen Untersuchungen wissen wir bereits von vielen Pflanzen recht genau, seit wann sie bei uns heimisch sind. Von der Herkunft anderer Pflanzen haben wir oft noch keine genaue Vorstellung. Diese Untersuchungen bringen ständig neue, oft überraschende Ergebnisse. Die Kornblume galt lange als alteingebürgert, bis Pollenanalysen zeigten, dass sie spontan eingewandert war, und zwar bereits nach dem Rückzug der Gletscher.

Im 16. Jahrhundert setzte mit der Entdeckung Amerikas und im Zuge der Entwicklung neuer Verkehrsmittel eine neue Einwanderungswelle ein, und zwar nicht nur aus Übersee, sondern auch aus Asien und dem Mittelmeergebiet. Diese Pflanzen nennt man in der Fachsprache „neueingebürgerte" oder „neueingeschleppte" Pflanzen (Neophyten).

Eine Reihe dieser züchterisch unveränderten Arten wächst inzwischen bei uns wild. Sind sie deswegen auch einheimisch? Da sie seit höchstens 500 Jahren eingebürgert sind, haben sich nur wenig einheimische Tiere an sie angepasst und sie als Futterpflanzen angenommen. Daher zählen wir die neueingebürgerten nicht zu den einheimischen Gewächsen. Ob eine Pflanzenart einheimisch ist, erfahren Sie aus Bestimmungsbüchern wie Adler 1994, Lauber und Wagner 1996, Oberdorfer 1994.

Nun gibt es noch eine weitere Betrachtungsweise. In der Schweiz gelten Gehölze wie Fichte und Lärche als einheimisch. Von Natur aus kommen sie nur in den höheren Lagen der Alpen vor, sind also im Schweizer Mittelland

Die Kornblume mit nicht gefüllten Blüten ist die echte Wildform.

Was sind einheimischen Pflanzen? Eine Kurzdefinition

Pflanzenarten, die sich in der Landschaft halten und vermehren, ohne dass sie vom Menschen gepflegt werden, bezeichnen wir als einheimisch,

– wenn sie nach der letzten Eiszeit ohne Zutun des Menschen eingewandert sind oder

– wenn sie vor der Entdeckung Amerikas eingeschleppt worden sind (alteingebürgert, Archäophyten). Pflanzen, die nach 1500 eingeschleppt worden sind (Neueingebürgerte, Neophyten), gelten *nicht* als einheimisch.

nicht einheimisch. Wir verwenden also den Begriff „einheimisch" immer für eine bestimmte Gegend und nicht für ein ganzes Land. Schliesslich sind Ländergrenzen oft willkürliche Gebilde, die mit den natürlichen Landschaftsräumen wenig gemeinsam haben.

Alteingebürgerte Pflanzen (Archäophyten) in Mitteleuropa
(nach Lang, 1990)

Seit der Jungsteinzeit (Neolithikum, 4000 v. Chr.)
Kornrade, *Agrostemma githago*
Guter Heinrich, *Chenopodium bonus-henricus*
Gewöhnlicher Erdrauch, *Fumaria officinalis*
Klatschmohn, *Papaver rhoeas*
Mittlerer Wegerich, *Plantago media*
Färberresede, *Reseda luteola*
Ackersenf, *Sinapis arvensis*
Efeublättriger Ehrenpreis, *Veronica hederifolia*
Vogelwicke, *Vicia cracca*

Seit der Bronzezeit (1800–1300 v. Chr.)
Sommerblutströpfchen, *Adonis aestivalis*
Ackerhundskamille, *Anthemis arvensis*
Gewöhnlicher Reiherschnabel, *Erodium cicutarium*
Breitblättrige Wolfsmilch, *Euphorbia platyphyllos*
Taubenstorchschnabel, *Geranium columbinum*
Ackerkrummhals, *Lycopsis arvensis*
Einjähriges Bingelkraut, *Mercurialis annua*
Großblütiger Breitsame, *Orlaya grandiflora*
Gewöhnliches Seifenkraut, *Saponaria officinalis*

Seit der Eisenzeit (1300–15 v. Chr.)
Filzige Klette, *Arctium tomentosum*
Wermut, *Artemisia absinthium*
Thymianseide, Quendelseide, *Cuscuta epithymum*
Kleine Wolfsmilch, *Euphorbia exigua*
Kleine Malve, Gänsemalve, *Malva neglecta*
Ackerhahnenfuss, *Ranunculus arvensis*
Kleinblütige Königskerze, *Verbascum thapsus*
Quendelblättriger Ehrenpreis, *Veronica serpyllifolia*

Seit der Römerzeit (ab 15 v. Chr.)
Gewöhnliche Ochsenzunge, *Anchusa officinalis*
Zweihäusige Zaunrübe, *Bryonia dioica*
Edelkastanie, Esskastanie, *Castanea sativa*
Schöllkraut, *Chelidonium majus*
Wegwarte, *Cichorium intybus*
Walnussbaum, *Juglans regia*
Feldkresse, *Lepidium campestre*
Ackerlichtnelke, *Melandrium noctiflorum*
Portulak, *Portulaca oleracea*

Seit dem Mittelalter (ab 800 n. Chr.)
Färberkamille, *Anthemis tinctoria*
Gewöhnliche Hundszunge, *Cynoglossum officinale*
Wilder Lattich, *Lactuca serriola*
Löwenschwanz, *Leonurus cardiaca*
Gebräuchlicher Honigklee, *Melilotus officinalis*

Neueingebürgerte Pflanzen (Neophyten, nach 1500 n. Chr., nach Lang 1990)

Aus Amerika (meist Nordamerika)
Weymouthkiefer, *Pinus strobus*
Späte Traubenkirsche, *Prunus serotina*
Douglastanne, *Pseudotsuga menziesii*
Robinie, *Robinia pseudoacacia*
Amerikanischer Lebensbaum, *Thuja occidentalis*
Weidenaster, *Aster × salignus*
Kleinblütige Aster, *Aster tradescantii*
Kanadischer Katzenschweif, *Conyza canadensis*
Kleinblütiges Knopfkraut, Franzosenkraut, *Galinsoga parviflora*
Zarte Binse, *Juncus tenuis*
Vielblättrige Lupine, *Lupinus polyphyllus*
Gelbe Gauklerblume, *Mimulus guttatus*
Gewöhnliche Nachtkerze, *Oenothera biennis*
Kanadische Goldrute, *Solidago canadensis*
Späte Goldrute, *Solidago gigantea*

Aus Asien (insbesondere Ostasien)
Götterbaum, *Ailanthus altissima*
Sommerflieder, *Buddleja davidii*
Kalmus, *Acorus calamus*
Drüsiges Springkraut, *Impatiens parviflora*
Kleinblütiges Springkraut, *Impatiens parviflora*
Japanischer Staudenknöterich, *Reynoutria japonica*
Persischer Ehrenpreis, *Veronica persica*

Aus dem Mittelmeerraum (einschliesslich Balkan und
Kleinasien)
Rosskastanie, *Aesculus hippocastanum*
Gewöhnlicher Goldregen, *Laburnum anagyroides*
Bocksdorn, *Lycium barbarum*
Pfeifenstrauch, *Philadelphus coronarius*
Gewöhnlicher Flieder, *Syringa vulgaris*
Goldlack, *Cheiranthus cheiri*
Winterling, *Eranthis hiemalis*
Feinstieliger Ehrenpreis, *Veronica filiformis*

Blumen

Schmetterlinge wünschen es, andere Insekten wünschen es, Menschen wünschen es: ein Blumenmeer vom Frühjahr bis in den Herbst hinein, und zwar aus einheimischen Blütenpflanzen: Buschwindröschen und Schlüsselblumen im Frühjahr, eine Blumenwiese mit Wucherblumen und Wiesensalbei im Juni, später Schlagpflanzen mit Schmalblättrigem Weidenröschen und Brustwurz. Verschiedene Blumenstandorte und entsprechende Samen und Stauden ermöglichen diese Vielfalt.

Wie beschaffen wir einheimische Pflanzen?

Noch ist es vielerorts schwierig, einheimische Stauden (ausdauernde, unverholzte Pflanzen) zu bekommen, die nicht züchterisch verändert worden sind. Zwar segeln im Handel Samen und Setzlinge unter der Flagge „einheimisch", doch sind sie meist verzüchtet. Die echte Kornblume zum Beispiel ist nicht gefüllt, jene aus dem Blumenkatalog sehr wohl. Auch wissen wir oft nicht, woher der Samen wirklich stammt. Ist er tatsächlich einheimisch, oder ist er gar aus Neuseeland importiert worden?
In Deutschland und in der Schweiz bieten Firmen einwandfreie Wildstauden und deren Samen an, die sie selber ziehen. Von Naturschutzorganisationen oder Naturgartenvereinen erfahren wir Adressen.
Besorgen wir uns Pflanzen und Samen direkt aus der Natur, gehen wir behutsam vor. Waldschlag, Waldränder, Wegränder, Schuttplätze, Trockenwiesen an Bahn- und Strassenböschungen, Kiesgruben, also Gebiete, wo der Mensch wenig eingreift, eignen sich vortrefflich zum Samensammeln.

124

Eigentlich finden wir fast das ganze Jahr über Samen, doch am ergiebigsten sind die Monate Juli bis November. Wir pflücken nur ausgereifte Samen, leicht erkenntlich an den dürren Fruchtbehältern, den harten und trockenen, braunen bis schwarzen Samen. Grüner Samen ist meist noch nicht reif. Samensammeln braucht zwar Zeit, aber wir werden dafür tausendfach entschädigt. Eine neue Welt öffnet sich uns: Wir entdecken die vielgestaltigen Fruchtstände und die mannigfaltigen Formen der Samen. Oft sind diese so klein, dass wir sie mit blossem Auge kaum erkennen. Grenzt es nicht an ein Wunder, dass sich manchmal daraus die stattlichsten Pflanzen entwickeln?

Regeln für die Entnahme von Pflanzen und Samen aus der Natur

1. Pflanzen und Samen holen wir wenn möglich aus bestehenden Naturgärten.
2. Einjährige Pflanzen ausgraben lohnt sich nicht. Diese werden gesät. Bestimmungsbücher informieren darüber, ob eine Pflanze einjährig, zweijährig oder ausdauernd ist.
3. In der freien Natur sollte man nur Pflanzenarten holen, die in der Umgebung (Umkreis von etwa 20 km) an vielen Standorten häufig vorkommen.
4. In Naturschutzgebieten und Reservaten ist das Abreissen, Ausgraben und Samensammeln allgemein verboten. Im übrigen gilt es, lokale Gesetze und Bestimmungen zu beachten.
5. Geschützte Pflanzen gehören nicht in den Garten, ausser sie stellten sich von selbst ein oder wir kauften sie von anerkannten Wildstaudenfirmen. Die Schutzbestimmungen sind von Land zu Land, von Kanton zu Kanton, von Region zu Region verschieden. Weitere Auskünfte geben Naturschutzstellen und Behörden.

Aussaat

Wir säen Pflanzen an, die auf mageren, kiesigen Flächen gedeihen. Viele Samen wachsen in Kapselfrüchten. Wenn sie reif sind, schüttelt der Wind die Samen aus den dürren Behältern. Wir tun dasselbe: Gleichgültig, ob die Fläche trocken oder feucht ist, streuen wir die gesammelten Samen locker aus, von jeder Art nur wenig. Giessen ist nicht nötig, auch müssen die Samen nicht mit Erde bedeckt werden. Die Samen haben Zeit, auf Regen zu warten. Der Same ist ja nichts anderes als eine winzige Pflanze im Ruhezustand. Alle Lebensvorgänge sind stark herabgesetzt. Da der Samen trocken ist, also sehr wenig Wasser enthält, übersteht er Hitze und Frost. Einzelne Samen benötigen sogar Temperaturen unter dem Gefrierpunkt, um überhaupt keimen zu können, andere keimen nur am Licht und wieder andere keimen erst nach Jahren.

Üben wir also Geduld. Die angesäte Fläche braucht nicht innerhalb weniger Wochen vollständig bewachsen zu sein. Je länger Lücken bleiben, desto mehr Pflanzenarten siedeln sich spontan an. Spriessen nur wenige Pflänzchen, achten wir auf Schleimspuren. Haben etwa Schnecken die Keimlinge gefressen? Sind sie die Schuldigen, gehen wir mit unschädlichen Bekämpfungsmethoden vor (Einsammeln der Schnecken, Schneckenzaun und anderes), auf keinen Fall setzen wir chemische Pflanzenschutzmittel ein. Auch sogenannte harmlose Schneckenkörner sind gefährlich. Die Igel fressen vergiftete Schnecken und sterben möglicherweise daran. Andere Kleintiere vertragen dieses Gift ebenfalls nicht.

Als wir zum ersten Mal Natterkopf säten, brachten uns die Schnecken zum Verzweifeln. Kaum zeigten sich die Keimblätter, sass auch schon eine Schnecke darauf. Einsammeln nützte nichts. Die gefrässigen Gesellen krochen von überall heran. Schliesslich gaben wir auf. Sollten die Schnecken ihren Frass haben! Andere Pflanzen keimten unbehelligt von Schnecken und blühten. Nach zwei Jahren – oh Wunder – prangte auch ein Natterkopf. Inzwischen sind einige Jahre verflossen. Aus dem einen sind Dutzende geworden. Verzweifeln wir also nicht. Wappnen wir uns mit Geduld, wenn

126

es nicht auf Anhieb klappt. Übrigens haben wir auch beobachtet, dass Schnecken oft über Pflanzen herfallen, die nicht auf dem richtigen Standort stehen.

Angaben über besondere Keimbedingungen finden Sie in Oberdorfer 1994.

Stauden pflanzen

Säen wir Stauden wie Schlagpflanzen und gewisse Ruderalpflanzen, die nährstoffreichen, humosen Boden lieben, haben wir selten Erfolg, weil andere konkurrenzfähige Arten die Keimlinge bedrängen können. Deshalb verpflanzen wir junge Stauden oder ziehen aus Samen Setzlinge.

Um Stauden mühelos zu versetzen, passen wir beim Ausgraben auf, dass der Wurzelballen möglichst wenig beschädigt wird. Oft enthält er, von uns unbemerkt, andere Pflanzen oder Samen, die unseren Garten zusätzlich bereichern. Wir nehmen drei bis fünf Stück derselben Art und setzen sie noch am gleichen Tag an den neuen Ort; dabei achten wir streng darauf, dass der neue Standort in bezug auf Besonnung und Beschaffenheit des Bodens dem alten gleicht. Eine Pflanze aus dem Laubwald verbrennt an der prallen Sonne, während eine, die ein sonniges Plätzchen liebt, im Schatten eingeht. Bei trockener Witterung sind die frischverpflanzten Stauden täglich zu giessen.

Vollentwickelte und bereits blühende Stauden sollen nicht versetzt werden, denn beim Ausgraben werden meistens Wurzeln verletzt. Die Pflanze verliert dann durch das Blattwerk mehr Wasser, als sie durch die geschädigten Wurzeln aufnehmen kann. Daher eignen sich Frühling und Herbst zum Verpflanzen am besten. Am wenigsten Probleme haben wir mit dem Verpflanzen von Stauden aus dem Laubmischwald gehabt, zum Beispiel mit der Goldnessel, dem Waldmeister und Bärlauch. Weitere Anleitungen finden Sie in Winkler 1989.

Wie legen wir Standorte mit vielen Blumen an?

Die meisten Pflanzen stellen bestimmte Ansprüche an die Besonnung und Bodenbeschaffenheit. Je stärker die Standorteigenschaften von den Ansprüchen einer Pflanze abweichen, desto weniger gut ist sie der Konkurrenz anderer Arten gewachsen.

Seien wir uns jedoch bewusst, dass kein Standort – auch kein künstlich angelegter – genau einem anderen gleicht und sich genauso entwickelt. Zu viele Unbekannte spielen mit. Trotz wissenschaftlicher Untersuchungen kennen wir die Standortansprüche einer Art nur grob und wissen kaum, wie sich einzelne Arten im Verband mit andern verhalten, welche Art stärker ist und unter welchen Bedingungen sie ihre Nachbarn verdrängt. Im Grunde ist es tröstlich, dass sich die Natur nicht alle Geheimnisse entlocken lässt. Daher gibt es kein absolutes Patentrezept. Beachten wir aber die Standortansprüche der gewünschten Pflanzen einigermassen, werden wir meistens Erfolg haben. Doch wird es uns selten

Eigenschaften der wichtigsten Standorte und ihre Pflege

Standort	magerer Boden	nährstoffreicher Boden	Besonnung	Pflege
schattige Stellen		+	$0 - \frac{1}{2}$ Tag	Jäten der Gehölze
Schlag		+	$\frac{1}{2} - 1$ Tag	Jäten der Gehölze, Entfernen der dürren Pflanzen
nährstoffarmer Ruderalstandort	+		$\frac{3}{4} - 1$ Tag	Jäten der Gehölze, alle vier bis acht Jahre Fläche öffnen
nährstoffreicher Ruderalstandort		+	$\frac{1}{2} - 1$ Tag	Jäten der Gehölze, Entfernen der dürren Pflanzen
Ackerbegleitflora		+	$\frac{3}{4} - 1$ Tag	Jäten aller Pflanzen einmal im Jahr, eventuell Neuansaat
Naturrasen	+	+	$\frac{3}{4} - 1$ Tag	häufiges Mähen
Wiese	+	+	$\frac{3}{4}$ Tag–1 Tag	Mähen, ein- bis zweimal im Jahr

128

gelingen, jede gewünschte Art im Garten anzusiedeln.

Die Artenlisten, die am Schluss der Beschreibung der einzelnen Standorte stehen, sollen eine Hilfe sein. Viele der angegebenen Arten wachsen auch auf anderen ähnlichen Standorten. Haben wir also den Mut, selbst auszuprobieren. Vergessen wir dabei nie, dass Pflanzen Zeit brauchen, um sich zu entwickeln. Vielleicht spriesst im ersten Jahr nicht alles, was wir gesetzt oder gesät haben. Vielleicht verschwindet nach ein, zwei Jahren eine Art plötzlich. Vielleicht tauchen neue Arten auf, die wir weder gesetzt noch gesät haben. Kurz – lernen wir, uns an der Dynamik des Gartens zu freuen. Dies unterscheidet unter anderem den Naturgarten vom konventionellen Garten.

Literatur zum Thema: Angaben über die Standortansprüche der Pflanzen in Bestimmungsbüchern wie Adler 1994, Lauber und Wagner 1996, Schauer und Caspari 1996.

Schattige Stellen

Im Frühjahr finden wir im Laubwald viele Anregungen für eine naturnahe Gartengestaltung. Aus dem dürren, braunen Laub leuchten die ersten Frühjahrsblüher: Buschwindröschen, Waldschlüsselblume, Scharbockskraut, Lungenkraut und viele andere, und am Wegrand auf der Blüte eines Huflattichs sonnt sich sogar der Kleine Fuchs.

Die Zeit der Frühlingsboten ist kurz bemessen. Sobald sich das Blätterdach der Gehölze schliesst, verblühen sie. Andere Unterholzpflanzen blühen später. Bis weit in den Sommer hinein wechselt der Flor: Vierblättrige Einbeere, Aronstab, Vielblütige Weisswurz, Waldmeister, Goldnessel, Waldziest usw. Die meisten Waldblumen sind ausdauernd und eignen sich daher vorzüglich für den Garten. Wir setzen sie also dort, wo sie ähnliche Bedingungen vorfinden wie im Laubwald – nämlich nährstoffreiche Erde und Schatten mit nur wenig Sonnenschein, zum Beispiel unter Bäumen und Sträuchern oder an der Nordostseite des Hauses.

Im Herbst lassen wir das Laub liegen, denn es deckt nicht nur den Boden, sondern bietet einer Menge Tiere Unterschlupf. Im Frühling ist es für Kräuter kein Problem, durch

129

Im März stossen die Frühblüher Buschwindröschen, Lerchensporn und Waldschlüsselblume durch das braune Wirrwarr und verwandeln es in einen blühenden Teppich (linke Seite oben).

Pflanzenarten für schattige Stellen

	Blütezeit (in Monaten 1–12)
Aronstab, *Arum maculatum*	4–5
Zweiblättrige Schattenblume, *Maianthemum bifolium*	5
Vielblütige Weisswurz, *Polygonatum multiflorum*	5–7
Bärlauch, *Allium ursinum*	4–5
Scharbockskraut, *Ranunculus ficaria*	3–4
Buschwindröschen, *Anemone nemorosa*	3–5
Hohlknolliger Lerchensporn, *Corydalis cava*	3–4
Gewöhnlicher Sauerklee, *Oxalis acetosella*	4–6
Ausdauerndes Bingelkraut, *Mercurialis perennis*	3–6
Hexenkraut, *Circaea lutetiana*	6–8
Gewöhnliche Schlüsselblume, *Primula elatior*	3–5
Kleines Immergrün, *Vinca minor*	4–5
Gewöhnliches Lungenkraut, *Pulmonaria officinalis*	3–5
Waldziest, *Stachys sylvatica*	6–9
Echte Goldnessel, *Lamium galeobdolon*	5–7
Waldmeister, *Asperula odorata*	4–6
Ährenrapunzel, *Phyteuma spicata*	5–6
Nesselblättrige Glockenblume, *Campanula trachelium*	7–9
Waldgeissbart, *Aruncus dioicus*	6–7
Geissfuss (Giersch), *Aegopodium podagraria*	5–9
Knoblauchskraut, *Alliaria petiolata*	4–6
Ruprechtskraut, *Geranium robertianum*	5–10
Farne	
Echter Wurmfarn, *Dryopteris filix-mas*	
Weiblicher Waldfarn, *Athyrium filix-femina*	
Adlerfarn, *Pteridium aquilinum*	

Geissbart und Geissfuss blühen im Sommer. Beide eignen sich für schattige Stellen (linke Seite unten).

eine 10 bis 20 cm dicke Laubschicht zu wachsen. Wenn unerwünschte Pflanzen wie Efeu, Brombeeren oder andere Gehölze sich ausbreiten und die Frühblüher bedrängen, jäten wir, denn gezieltes Jäten erlaubt, die Entwicklung eines Standortes zu beeinflussen.

Betrachten wir drei typische Vertreter der Schattenflora etwas näher:

Das **Scharbockskraut** *(Ranunculus ficaria)* schmiegt sich meist dicht an den Boden, und schon Ende März leuchten die gelben Blüten. Wo es diesem Hahnenfussgewächs gefällt, breitet es sich stark aus. Als Speicherorgane besitzt es Wurzelknollen. Bald nach der Blütezeit vergilben die Blät-

131

ter, und im Sommer sind sie verschwunden. Aber der unterirdische Wurzelstock mit den kleinen Wurzelknollen wartet im Boden auf den nächsten Frühling. Wenn die Sträucher noch kahl sind, begrünt das Scharbockskraut bereits den Boden. Wegen des hohen Gehalts an Vitamin C werden die jungen Blätter (bevor die Pflanze blüht) gerne in blutreinigende Frühlingssalate gemischt.

Im Mai blüht ein anderes altes Wildgemüse und Heilkraut, der **Bärlauch** (Allium ursinum). Seine saftigen grünen Blätter und die schneeweissen Blüten setzen Akzente. Der Bärlauch liebt feuchten Boden und kann sich stark ausbreiten. Wer den Knoblauchgeschmack mag, mischt die jungen Blätter dem Salat bei. Salate mit Wildkräutern schmecken nicht nur ausgezeichnet, sondern sie sind obendrein gesund: Bärlauch reguliert unter anderem zu hohen Blutdruck. Übrigens ist er nahe verwandt mit der Küchenzwiebel, dem Knoblauch und dem Schnittlauch.

Ein zu Unrecht verpönter Doldenblütler ist der **Geissfuss** (Giersch, *Aegopodium podagraria*), der erst im Sommer blüht. Auf und um seinen zierlichen weissen Blütenstand schwirren unzählige Insekten. Einem Strauss aus Wildblumen steht er wohl an. Bereits im Mittelalter war der Geissfuss als Spinat- und Heilpflanze beliebt. Ihm wurde eine heilende Wirkung gegen Gicht, Rheuma und Hämorrhoiden zugeschrieben. Ärgern wir uns also nicht, wenn er sich an schattigen Stellen stark ausbreitet.

Erwähnenswert ist auch der **Sauerklee** *(Oxalis acetosella)*, der noch an sehr dunklen Stellen gedeiht und von dem wir als Kinder oft naschten.

Farne sind keine Blütenpflanzen. Doch wirken die ziselierten grünen Wedel im Sommer besonders hübsch.

Der Schlag

Wenn im Wald Holz geschlagen worden ist, spriessen oft schon im folgenden Sommer prächtige Schlagpflanzen. Rotes Schmalblättriges Weidenröschen, gelbes Johanniskraut und Fuchsgreiskraut, blaue Nesselblättrige Glockenblume und blauviolette Waldwitwenblume, leicht rosafarbener Baldrian, weisser Attich und viele andere. Sie in den Garten zu holen, ist nicht allzu schwierig. Wir kaufen beim spezialisierten Gärtner die gewünschten Arten. Wir können sie aber auch an den Rändern von Waldwegen holen, die ohnehin von Zeit zu Zeit gemäht werden, oder dort, wo Förster junge Fichten gepflanzt haben, die in wenigen Jahren so viel Schatten werfen, dass alle Kräuter absterben. Die meisten Schlagpflanzen fühlen sich in nährstoffreicher Erde und an einem sonnigen Platz am wohlsten. Einige werden bis zwei Meter hoch, andere kaum einen halben Meter. Bestimmungsbücher geben über die erreichbare Höhe Auskunft.

Beim Setzen achten wir nicht nur auf die Höhe (denn höhere Pflanzen gehören in die Mitte, kleinere an den Rand), sondern auch auf die Farbe. Viele Schlagpflanzen sind ausdauernd, und doch verändert sich selbstverständlich der Schlag mit der Zeit. Sobald die Pflanzen angewachsen sind und sich gesund entwickeln, vermischen sich die Arten. Einige breiten sich stärker aus, andere verschwinden und tauchen an einem ganz andern Ort wieder auf.

Im Sommer bewirten Schlagpflanzen unzählige Insekten und Schmetterlingsraupen. Erschrecken wir nicht, wenn uns auf dem Schmalblättrigen Weidenröschen plötzlich die „Augen" einer über 10 cm langen Raupe anstarren. Das Schmalblättrige Weidenröschen ist nämlich die Futterpflanze mehrerer Weinschwärmer-Arten.

Pflanzenarten für den Schlag

	Blütezeit (in Monaten 1–12)
Mädesüss, *Filipendula ulmaria*	6–8
Walderdbeere, *Fragaria vesca*	4–6
Zottiges Weidenröschen, *Epilobium hirsutum*	6–9
Schmalblättriges Weidenröschen, *Epilobium angustifolium*	6–8
Wiesenbärenklau, *Heracleum sphondylium*	6–9
Brustwurz, *Angelica sylvestris*	7–9
Arzneibeinwell (Wallwurz), *Symphytum officinale*	5–8
Zwergholunder (Attich), *Sambucus ebulus*	7–8
Echter Arzneibaldrian, *Valeriana officinalis*	5–8
Waldwitwenblume, *Knautia dipsacifolia*	6–9
Wasserdost, *Eupatorium cannabinum*	7–9
Fuchs' Greiskraut, *Senecio fuchsii*	7–9
Gewöhnliche Goldrute, *Solidago virgaurea*	8–10

Auch Wiesenbärenklau und Brustwurz locken mit ihren prächtigen weissen Dolden unzählige Insekten an. Verwechseln wir sie beim Pflanzen ja nicht mit dem fremdländischen Riesenbärenklau *(Heracleum mantegazzianum)*, der bis drei Meter hoch wird. Besonders wenn die Sonne scheint, kann er beim Menschen Allergien und hohes Fieber verursachen.

Typische Schlagpflanzen sind auch Waldhimbeere und Brombeere. Sie haben zwar ihre Tücken, denn sie verbreiten sich rasch und verdrängen andere Pflanzen. Wir setzen sie also nur dort, wo wir sie durch Mähen der angrenzenden Fläche am Weiterwuchern hindern können, und möglichst nicht in die Nähe des Gemüsegartens, da Himbeeren Wurzelbrut bilden, das heisst ein unterirdisches Netz von Erdsprossen, aus dem neue Triebe spriessen.

Der Schlag braucht wenig Pflege. Gehölze, die mit der Zeit auftreten, reissen wir frühzeitig aus, bevor Spaten oder Pickel dazu notwendig sind. Falls überhaupt, schneiden wir dürre Halme und Fruchtstände erst im Vorfrühling und

Nach dem Kahlschlag wächst eine farbenprächtige Schlagflora heran. Hier herrscht das rotblühende Schmalblättrige Weidenröschen vor.

Die Raupe des Mittleren Weinschwärmers an seiner Futterpflanze, dem Schmalblättrigen Weidenröschen (oben).

Mittlerer Weinschwärmer (oben rechts).

freuen uns im Winter am gefiederten Volk, das über die Fruchtstände herfällt. In den Hohlräumen der Halme überwintern Insekten und andere Kleintiere. Übrigens sind die Fruchtstände sehr dekorativ und schmücken im Winter die Wohnung.

Pionierstandorte

Seit jeher berauben Naturereignisse grössere oder kleinere Flächen ihrer Pflanzendecke. Flüsse bringen Geschiebe und bilden Kiesbänke; Bäche reissen die bewachsenen Ufer weg und hinterlassen nährstoffreiche Humusflächen; Bergstürze begraben grosse Gebiete unter Felsblöcken und Geröll. Offene Flächen bezeichnen wir als Pionierstandorte. Jene Pflanzen, die darauf zuerst auftauchen, heissen Pionierpflanzen. Je nach Bodenbeschaffenheit und Besonnung sieht die Pionierflora anders aus. Oft sind es attraktive Pflanzen, die nicht nur uns Menschen freuen, sondern für verschiedenste Insekten lebensnotwendig sind.

135

Schuttflora (Ruderalflora)

Wir finden sie auf Schutt- und Ödlandflächen, auf Erdaufschüttungen, Kieshaufen, Wegrändern, Hofplätzen usw. Der Standort kann extrem nährstoffreich oder nährstoffarm sein.

Nährstoffarme Ruderalstandorte wie Kiesflächen, wo Humus fast oder ganz fehlt, überraschen uns immer wieder mit ihren mannigfaltigen farbenprächtigen Blumen. Künstlich angelegte **Kiesflächen** erlauben, etwas von dieser Vielfalt in den Garten zu holen.

Wir wählen eine stark besonnte Fläche und ersetzen den Humus durch eine etwa 30 cm dicke Kiesschicht, und zwar mit „Kies ab Wand" (ungereinigtem Kies). Darauf streuen wir Samen von Pflanzen aus, die auf Kies gedeihen. Wir sammeln das Saatgut in Kiesgruben, auf Industriearealen, Geleisanlagen und wenig begangenen Kieswegen oder kaufen entsprechendes Saatgut bei spezialisierten Firmen.

Es dauert einige Jahre, bis die Kiesfläche ganz bewachsen ist. Je weniger Lehm der Kies enthält, desto langsamer geht es. Mauerpfeffer, Wundklee, Hauhechel, Wilde Möhre, Natternkopf, Feldthymian, Königskerze, Taubenskabiose, Wegwarte brauchen offene Flächen. Wenn die Kiesfläche zuwächst, werden sie verdrängt. Wir legen daher im Spätsommer oder Herbst um die Fruchtstände kleine Flächen frei, damit die Pflanzen absamen können. Meist wachsen noch im Herbst Jungpflanzen, die im folgenden Jahr blühen.

Früher oder später werden Gehölze wachsen, die wir ausreissen, damit die Fläche sich nicht zu einem Gehölz entwickelt.

Unterlassen wir das Jäten und Freilegen von offenen Flächen, verschwinden Pflanzen, die die Konkurrenz nicht ertragen. Die Kiesfläche kann dann zu einer Magerwiese werden. Diese mähen wir nur einmal im Jahr (im Spätherbst oder erst im März) und entfernen das Mähgut, damit der Boden durch das tote Material nicht zu nährstoffreich wird.

Nährstoffreicher Ruderalstandort. Auf Schuttstandorten mit nährstoffreichem Grund, zum Beispiel auf Aufschüttungen bei Bauplätzen, um Bauernhäuser, Schuppen usw. ist die Flora vielfältig. Oft sind es grosse ausdauernde Stauden, die sich ohne weiteres zusammen mit Schlagpflanzen auf nähr-

Pflanzenarten für mageren Boden

	Blütezeit in Monaten (1–12)
Gelbe Resede, *Reseda lutea*	6–9
Aufgeblasenes Leimkraut, *Silene vulgaris*	6–9
Weisser Mauerpfeffer, *Sedum album*	6–9
Gewöhnlicher Wundklee, *Anthyllis vulneraria*	5–9
Hornklee, *Lotus corniculatus*	5–7
Dornige Hauhechel, *Ononis spinosa*	6–9
Weisser Honigklee, *Melilotus albus*	6–8
Echter Honigklee, *Melilotus officinalis*	6–10
Zypressenwolfsmilch, *Euphorbia cyparissias*	4–6
Echtes Johanniskraut (Tüpfelhartheu), *Hypericum perforatum*	6–9
Gewöhnliche Möhre, *Daucus carota*	6–8
Pastinak, *Pastinaca sativa*	7–9
Gewöhnlicher Natternkopf (Stolzer Heinrich), *Echium vulgare*	5–10
Feldthymian, *Thymus pulegioides*	6–9
Gewöhnlicher Dost (Wilder Majoran), *Origanum vulgare*	7–9
Grossblütige Königskerze, *Verbascum densiflorum*	6–9
Kleinblütige Königskerze, *Verbascum thapsus*	6–9
Schwarze Königskerze, *Verbascum nigrum*	6–8
Behaarter Klappertopf, *Rhinanthus alectorolophus*	5–8
Taubenskabiose, *Scabiosa columbaria*	6–9
Gewöhnliche Wegwarte, *Cichorium intybus*	7–9
Habichtskrautartiges Bitterkraut, *Picris hieracioides*	7–10
Wiesenschafgarbe, *Achillea millefolium*	6–9
Blutroter Storchenschnabel, *Geranium sanguineum*	5–7
Gewöhnliches Sonnenröschen, *Helianthemum nummularium*	5–10

Pflanzenarten für nährstoffreichen Boden

	Blütezeit (in Monaten 1–12)
Echtes Seifenkraut, *Saponaria offinalis*	7–9
Schöllkraut, *Chelidonium majus*	4–9
Rosenmalve (Sigmarskraut), *Malva alcea*	6–9
Wilde Malve, *Malva sylvestris*	6–9
Moschusmalve (Bisammalve), *Malva moschata*	6–9
Gewöhnliches Leinkraut, *Linaria vulgaris*	6–9
Gefleckte Taubnessel, *Lamium maculatum*	4–9
Wilde Karde, *Dipsacus sylvestris*	7–8
Filzige Klette, *Arctium tomentosum*	7–9
Grosse Klette, *Arctium lappa*	7–9
Rainfarn, *Tanacetum vulgare*	6–9

Der farbenprächtige Magerstandort mit Wegwarte, Natterkopf, Resede und Färberkamille braucht nur wenig Unterhalt, und seine Blumen blühen monatelang.

Taubenskabiose und Rauhe Nelke ertragen grosse Trokkenheit problemlos. Hier gedeihen sie in einem Betonbehälter auf einer Terrasse.

138

stoffreichen Böden im Garten ansiedeln lassen. Ein prächtiges Beispiel ist das verführerisch duftende Seifenkraut, das sogar zweimal blüht, wenn wir die verblühten Blüten wegschneiden. Es wächst an der Sonne wie im Halbschatten.

Eine besondere Flora verrät stark nährstoffreiche stickstoffhaltige Böden, zum Beispiel um Ställe und in Dörfern, wo noch extensive Landwirtschaft betrieben wird und zwischen Wohnhaus und Stall nicht jeder Quadratmeter asphaltiert ist. Die wichtigste und häufigste Zeigerpflanze ist die Brennessel.

Pflanzenarten für stickstoffreichen Boden

	Blütezeit (in Monaten 1–12)
Grosse Brennessel, *Urtica dioica*	6–9
Guter Heinrich, *Chenopodium bonus-henricus*	6–8
Vogelmiere, *Stellaria media*	1–12
Schöllkraut, *Chelidonium majus*	4–9
Gänse-Malve (Wegmalve), *Malva neglecta*	6–9
Stumpfblättriger Ampfer, *Rumex obtusifolius*	6–8
Gewöhnlicher Hohlzahn, *Galeopsis tetrahit*	6–10

Ackerbegleitflora (Segetalflora)

Eine ganz andere Art Pioniere sind die Ackerbegleiter. Mit dem Aufkommen des Ackerbaus entstanden viele grossflächige nährstoffreiche Pionierstandorte, und jene Pflanzen stellten sich ein, die nährstoffreichen Boden bevorzugen und das regelmässige Umgraben des Bodens ertragen. Sie sind bekannt als „Ackerunkräuter", „Ackerwildkräuter" oder „Ackerbegleiter". Wir ziehen den Ausdruck „Begleiter" vor, da ihm kein negativer Beigeschmack anhaftet. Die Bezeichnung „Ackerbegleitflora" drückt klar aus, dass diese Pionierpflanzen natürliche Begleiter der Kulturpflanzen sind. Ein grosser Teil wurde im Verlauf der fünftausendjährigen Geschichte des Ackerbaus mit dem Saatgut von Kulturpflanzen und im Fell von Haustieren eingeschleppt, zum Beispiel der einjährige Rittersporn und Klatschmohn. Der Einsatz von chemischen Unkrautvertilgungsmitteln (Herbiziden) hat sie in den letzten 30 Jahren stark zurückgedrängt, zum Teil sogar fast ausgerottet; Kornfelder mit ro-

139

tem Mohn, Kornrade und Kornblumen sind heute Erinnerung. Aus Bildern der Impressionisten ahnen wir, was wir verloren haben.

Zum Glück gibt es jetzt bei einigen Firmen Samen von prächtigen Ackerbegleitern wie Mohn, Kornblume und Kornrade, so dass wir sie im Garten säen können. Wir graben also im Frühling ein Stück Boden um und säen die Samen. Die meisten Ackerbegleiter sind einjährige Pflanzen, die rasch wachsen und innerhalb weniger Wochen Samen bilden. Neben den gesäten Arten werden sich bald auch Erdrauch, Ackerhohlzahn, Rote Taubnessel und andere einstellen, die noch häufiger vorkommen. Humus enthält nämlich immer Samen verschiedenster Wildkräuter. In einem Quadratmeter Ackererde von 10 cm Dicke lassen sich mehrere hundert Samen zählen, in einzelnen Erdproben sogar über 5000. Wollen wir die vielfältigen Ackerbegleiter erhalten, säubern wir die Fläche im Herbst oder graben um, denn greifen wir nicht ein, werden sie von anderen Pflanzen verdrängt und verschwinden bereits im zweiten Jahr.

Ackerbegleitflora

	Blütezeit (in Monaten 1–12)
Kornrade, *Agrosthemma githago*	6–8
Ackerrittersporn, *Consolida regalis (Delphinium consolida)*	6–9
Ackerhahnenfuss, *Ranunculus arvensis*	5–7
Sommeradonisröschen, *Adonis aestivalis*	5–7
Klatsch-Mohn, *Papaver rhoeas*	5–9
Gebräuchlicher Erdrauch, *Fumaria officinalis*	5–9
Ackersenf, *Sinapis arvensis*	5–10
Hederich (Ackerrettich), *Rhaphanus raphanistrum*	5–10
Gänsemalve (Wegmalve), *Malva neglecta*	6–9
Ackerstiefmütterchen, *Viola tricolor*	3–9
Ackergauchheil, *Anagallis arvensis*	6–9
Ackervergissmeinnicht, *Myosotis arvensis*	4–10
Rote Taubnessel, *Lamium purpureum*	3–10
Echter Feldsalat, *Valerianella locusta*	4–5
Gewöhnlicher Venusspiegel, *Legousia speculum-veneris*	6–7
Echte Kamille, *Chamomilla recutita*	5–9
Kornblume, *Centaurea cyanus*	6–10

Wer sich gerne gärtnerisch betätigt, sammelt die Samen der gewünschten Arten und streut sie im Frühling wieder aus oder zieht sie an und verpflanzt sie auf den gewünschten Standort. (Weitere Angaben bei Winkler 1989)

Übrigens eignet sich auch der Nutzgarten vorzüglich, um feine, schmalwüchsige Pflanzen wie Kornblume, Kornrade und Ackerhahnenfuss, oder niedrige wie Ackerstiefmütterchen, Ackergauchheil und Kleine Malve zu ziehen. Diese stehen nicht in Konkurrenz zu den Gemüsepflanzen. Sie bedecken den Boden und schützen ihn so vor dem Austrocknen.

Rasen – Naturrasen

Im herkömmlichen Gartenbau gilt jener Rasen als schön, worin nur eine einzige Grasart spriesst. Um dies zu erreichen, braucht es zahlreiche Eingriffe und Kniffe: mindestens wöchentliches Mähen, Rasensprengen, Einsatz von Kunstdünger. Die unerwünschten Pflanzen werden ausgestochen oder, noch schlimmer, mit giftigen Herbiziden ausgerottet.

Eine Studie des Schweizer Bundesamtes für Umweltschutz schätzt, dass auf den 20 000 Hektar Zierrasen in Schweizer Siedlungen 100 Tonnen Herbizide und 10 000 Tonnen leicht löslicher Mineraldünger (Kunstdünger) eingesetzt werden und während mehrerer Millionen Stunden jährlich die Motorrasenmäher dröhnen (Winkelmann und Hunziker 1983). Dass diese Schätzung keine übertriebenen Zahlen nennt, zeigt das Beispiel einer Schweizer Gemeinde mit 7500 Einwohnern. Vor einigen Jahren wurden auf den 21 400 m^2 intensiv genutzten Grünflächen (Sportplätzen) 2354 kg Düngemittel der Giftklasse 5 gestreut, also 110 g je m^2; auf den 22 600 m^2 ungenutzten Grünflächen 904 kg, als 40 g je m^2.

Kunstdünger enthält verschiedene Mineralien, zum Beispiel Nitrate, in leicht wasserlöslicher Form, die einerseits von den Pflanzen rasch aufgenommen werden und das Wachstum kräftig anregen, andererseits aber vom Regen ebenso leicht ausgewaschen und ins Grundwasser geschwemmt werden und dieses verschmutzen. So stieg zum Beispiel der Nitratgehalt im Trinkwasser einer anderen Schweizer Ge-

Wiese und Rasen im Vergleich

Tiere in der Wiese		Tiere im Rasen
Schmetterlinge		
Hummeln		
Wildbienen		
Schwebfliegen		
Pinselkäfer		
Weichkäfer		
Rosenkäfer		
Heuschrecken		
Schaumkzikaden		
Spinnen		
Schnecken		Schnecken

meinde auf 83 mg je Liter (das Doppelte des eigentlich schon zu hoch angesetzten Toleranzwertes), so dass die Bevölkerung angehalten wurde, Getränke und Nahrungsmittel für Säuglinge nicht mehr mit „Trinkwasser" zuzubereiten. Nitrate können sich im Körper in Nitrite umwandeln.

142

Ehrenpreis und Ruprechtskraut – verhaltene Schönheit.

Diese verändern den roten Blutfarbstoff Hämoglobin und führen zu schweren Erkrankungen, die besonders bei Säuglingen unter Umständen tödlich verlaufen. Nitrite können im Körper auch zu krebserregenden Nitrosaminen aufgebaut werden. Wegen der möglichen Gefahren ist es unverantwortlich, weiterhin Kunstdünger und ein Übermass an bestimmten organischen Düngemitteln zu verwenden.

Verzichten wir also auf Kunstdünger, Pestizide, Rasensprenger und mähen weniger häufig. Bald kommt Farbe in den Rasen, die ersten Blumen blühen: Gänseblümchen, Gundelrebe, Günsel, Löwenzahn, Hahnenfuss, Ehrenpreis usw. Die Monokultur hat sich zum Naturrasen gewandelt, worauf sich ebenso bequem liegen und spielen lässt wie auf Kunstrasen, sogar noch angenehmer, weil durch Kunstdünger hervorgerufene Allergien ausbleiben. Insekten tauchen auf, Leben ist in das noch vor wenigen Wochen sterile Grün zurückgekehrt. Für Neuanlagen sind seit einiger Zeit Samenmischungen für artenreiche Blumenrasen erhältlich, die Betreten ertragen (Burri 1997, Odermatt 1997).

Sobald wir nur noch zwei- bis viermal im Jahr mähen, entsteht eine Wiese; Heuschrecken und andere Insekten finden darin einen neuen Lebensraum.

Maschinelles Mähen verschleisst immer Energie. Auch deshalb mähen wir möglichst selten oder halten Rasenflächen

143

möglichst klein und benutzen dazu den Handrasenmäher. Bei grossen Flächen überlegen wir, wozu wir wirklich Rasen benötigen (zum Ballspielen, Liegen, Sitzen, Gehen) und wie gross die Rasenfläche dazu sein muss.

Blumenwiese

Im Gegensatz zum Rasen, der nur wenigen Tieren etwas bietet, ist die Blumenwiese ein wichtiger Lebensraum für viele Tiere. Sie ist aber auch ein Schmuckstück, das uns über Monate mit prächtigen Blumen erfreut. Zudem ist der Arbeitsaufwand im Vergleich zum konventionellen Blumenbeet klein. In der Wiese wachsen viele Pflanzenarten, blühen Blumen, finden sich viele Strukturen und damit Verstecke; nur selten wird durch Mähen gestört: So entsteht Lebensraum für viele Tiere.

Anlage einer Blumenwiese

Bodenbeschaffenheit. Magerer Boden ist vorzuziehen, weil darauf eine grössere Blumenvielfalt zu erwarten ist als auf nährstoffreichem. Es ist jedoch möglich, auch auf nährstoffreichem, sogar lehmigem Boden eine Wiese anzulegen.
Lage. Sehr sonnig; die Wiese sollte während drei Viertel des Tages besonnt sein.
Grösse. Spielt keine Rolle, auch kleinste Flächen eignen sich, zum Beispiel schmale Streifen entlang von Parkplätzen.
Boden vorbereiten
- Rasen vollständig entfernen, indem wir Rasenziegel (bis 5 cm dick) ausstechen, damit die Konkurrenz durch Rasenpflanzen ausgeschaltet wird. Rasenziegel können zum Bauen von Rasenbank, Erdwall, Hügel verwendet werden (Siehe Kapitel Sitzgelegenheiten).
- Anschliessend Boden umgraben, mit Kräuel lockern; Steine und möglichst alle Wurzeln, auch die feinsten, entfernen.
- mit Rechen solange rechen, bis der Boden eine Krümelstruktur aufweist; kleine Unebenheiten stören nicht. Die bearbeitete Fläche vor der Aussaat eine Woche oder län-

Typisch Naturgarten: Blumenfülle auf kleinem Raum.

ger ruhen lassen. Boden unmittelbar vor der Aussaat nochmals oberflächlich abkräueln. Das Saatbeet darf nicht zu fein sein.

Saatgut

- Nur Samenmischungen aus 100 Prozent inländischen Arten verwenden; keine verzüchteten Formen.
- Nur im Inland produziertes Saatgut (Herkunftsnachweis) verwenden.
- Darauf achten, dass die Mischung keine Ackerbegleiter enthält.
- Eine der Bodenbeschaffenheit angepasste Mischung verwenden: für nährstoffreiche Böden Fettwiesenmischung.

Ansaat

- Jahreszeit: Anfang Mai – Ende Juni. Wird früher angesät, kann Frost die frisch gekeimten Pflanzen gefährden.
- Wenn von Hand gesät wird, das Saatgut mit Sand mischen.
- Kreuzweise ansäen, das heißt beim Streuen von Hand die Fläche einmal längs und einmal in Querrichtung abschreiten.

145

– 2 bis 10 g pro Quadratmeter, Angaben des Herstellers genau beachten (doppelte Saatmenge = halber Erfolg).
– Boden walzen oder mit Schaufel anklopfen.
– Nicht Bewässern.
– Schutz vor Vögeln ist nicht nötig.

Pflege

Erste Pflege

Der erste Schnitt geschieht bei ungefähr 20 cm Wuchshöhe mit hochgestelltem Rasenmäher (Schnitthöhe 5 bis 10 cm). Dadurch werden Ackerbegleiter ausgeschaltet, die in Konkurrenz zu den rosettenbildenden Wiesenblumen stehen (Reinigungsschnitt). Nur so können diese ihre Rosetten ausbilden. Falls nachher noch weitere Ackerbegleiter oder die Pflanzen überhaupt sehr dicht wachsen, kann ein zusätzlicher Reinigungsschnitt notwendig sein, unter Umständen werden sogar mehrere Schnitte erforderlich. Das gemähte Gras ist immer zu entfernen. Ist im Frühjahr angesät worden, blühen einige Pflanzen noch im gleichen Jahr.
Im Herbst schneiden wir die Wiese und entfernen das gemähte Gras.

Spätere Pflege

Frühes Mähen (Mitte Juni) fördert den Blumenreichtum und ermöglicht eine lange zweite Blütezeit, hat aber einen Nachteil: Raupen mancher Schmetterlinge haben nicht genügend Zeit, sich zu verpuppen und zu schlüpfen. Es ist daher sinnvoll, nur einen Teil zu mähen, damit Raupen und auch Heuschrecken ein Rückzugsgebiet haben und spätere Blumenarten ebenfalls blühen können. Sobald der erstgemähte Teil wieder blüht, mähen wir den zweiten. So finden Insekten wochenlang ständig Nektar. Anfang Oktober mähen wir ein zweites Mal, lassen aber einen Teil der Wiese stehen als Überwinterungsort für Schmetterlingsraupen und Puppen sowie andere Tiere. Dazu eignet sich besonders ein Wiesenstück, das an eine Hecke grenzt. Entwickelt sich die Wiese sehr üppig (dicht, mit vielen Gräsern und wenig Blumen), mähen wir in den ersten Jahren drei- bis viermal je Jahr. Bei blumenreichen Magerwiesen, die in Gärten äus-

146

serst selten sind, genügt Mähen im Herbst. Mähen wir nicht, verfilzt das Gras, die Wiese verarmt, und mit der Zeit nehmen Bäume und Sträucher überhand. Das gemähte Gras kompostieren wir oder legen es in 10 bis 20 cm dicken Schichten unter Sträucher oder um die Triebe von Brombeeren, Himbeeren, Johannisbeeren usw., wo es langsam verrottet, den Boden düngt und vor dem Austrocknen schützt. Puppen und Larven, die sich darin verkrochen haben, überleben so. Halten wir Meerschweinchen oder Kaninchen, heuen wir für den Winter.

Grosse Flächen mähen wir mit dem Balkenmäher, den wir bei einem Gärtner mieten, kleine mit der Sense. In Saumrändern oder Wiesenstücken, die wir nur einmal im Jahr mähen, ist das Gras oft zäh und liegt teilweise am Boden. Eine Waldsense mit einem nur 50 cm langem Schneideblatt leistet dann gute Dienste. Dengeln mit Hammer und Dengelstock fordert viel Übung und Geschick. Mit dem Dengelapparat geht es einfacher. Vielleicht finden wir einen Bauer oder einen Kaninchenzüchter, der uns zeigt, wie man mäht, oder der uns sogar diese Arbeit abnimmt. Hie und da werden auch Kurse im Schneiden mit der Sense angeboten. Kleine Flächen von einigen Quadratmetern können auch mit der Heckenschere geschnitten werden.

Jäten. Je reichhaltiger und artenreicher ein Garten auf kleinem Raum ist, desto aufwendiger wird die Pflege sein. Jäten heisst, die ganze Pflanze *mit* Wurzeln ausreissen.

– Wir jäten Gehölze während des ganzen Jahres.
– Wir entfernen im März dürres Pflanzenmaterial mit einem Rechen.
– Falls wir finden, auf gewissen Standorten nähmen bestimmte Pflanzen überhand, jäten wir.
– Wir können bestimmte Pflanzen fördern, indem wir zur Samenreife in ihrem Umkreis jäten und so Raum für Keimlinge schaffen.

Verlängern der Blütezeit

Blühen einheimische Arten ein zweites Mal, falls die verblühten Blumen weggeschnitten werden? Bei ausdauernden Arten ist dies möglich, allerdings hängt es davon ab, ob die

Dem Jäten entronnen: Knoblauchskraut und Kuhblume.

147

Das Gewöhnliche Leinkraut leuchtet wochenlang goldgelb.

Pflanze bereits im Mai-Juni oder erst im Juli-August blüht. Bei letzteren reicht die Zeit oft nicht mehr, um eine zweite Blüte zu bilden. Die folgenden Erfahrungen sollen helfen, Enttäuschungen zu vermeiden. Genauere Rezepte kennen wir bis heute nicht. Warum also nicht selber probieren und Erfahrungen sammeln? Bestimmungsbücher geben Auskunft, ob eine Pflanze ein-, zwei- oder mehrjährig ist.

– Gewisse ausdauernde Pflanzen, darunter viele Frühblüher des Laubwaldes, blühen zu einer bestimmten Zeit, bilden Früchte, worauf die Blätter vergilben und der oberirdische Teil verschwindet. In der Fachsprache heisst das, die Pflanze zieht ein. Solche Pflanzen blühen nur einmal, auch wenn wir die verblühten Blüten sofort wegschneiden.

– Einjährige Pflanzen wie Ackerbegleiter blühen ebenfalls nur einmal und sterben nach der Samenbildung ab. Auch bei ihnen erreichen wir durch Schneiden keine zweite Blüte.

– Viele zweijährige Pflanzen wie Natterkopf bilden im ersten Jahr eine Rosette, blühen im zweiten Jahr und sterben nach der Samenbildung ab. Sie blühen kein zweites Mal, auch wenn wir die verblühten Blüten sofort wegschneiden.

– Bestimmte ausdauernde Arten wie Hornklee, Wallwurz, Bärenklau, Wilde Möhre und fast alle Wiesenblumen können ein zweites Mal blühen, wenn sie kurz nach dem Verblühen dicht über dem Boden abgeschnitten werden.

– Andere ausdauernde Kräuter wie das Seifenkraut, die Waldwitwenblume und der Blutrote Storchenschnabel können ein zweites Mal blühen, wenn der Blütenstand kurz nach dem Verblühen weggeschnitten wird.

– Werden hohe Stauden wie Weidenröschen, Waldwitwenblume, Königskerzen vom Wind zu Boden geworfen, entwickeln sich oft in den Blattachseln neue Triebe mit Blüten.

Einige wenige Arten blühen ohne unser Dazutun ein zweites Mal: Gefleckte Taubnessel, Gewöhnliches Leinkraut und andere.

148

Die einjährige Dachbegrünung mit Pflanzen von Magerstandorten verzaubert Beton in ein Blumenparadies.

Dächer mit grünem Pelz

Viele Naturgärten im Siedlungsraum bilden ein dichtes, grün-buntes Netz – Lebensräume für mancherlei Getier. Dieses Netz könnte noch viel dichter sein, wenn die heute noch meistens ungenützten riesigen Flächen der Hausdächer eingeflochten, das heißt begrünt würden. Dass dies möglich ist, zeigen sowohl historische als auch zahlreiche moderne Beispiele.

Überall dort, wo es galt, Klimaeinflüsse wie Regen und Wind, Sonne und Hitze abzuschirmen, wurden Dächer begrünt. In Skandinavien und Nordschottland zum Beispiel wurden Dächer mit Gras- und Torfsoden bedeckt. Auf den Dächern entwickelt sich eine stabile Pflanzengesellschaft.

Seit den siebziger Jahren werden diese Erfahrungen auch in unseren Breitengraden aufgegriffen, und neue wissenschaftliche Untersuchungen bestätigen, dass grüne Dächer Tieren und Pflanzen Lebensraum zurückgeben, aber noch anderes,

149

Bedeutendes leisten:
- Sie isolieren und schützen das Haus.
- Sie dämmen Lärm.
- Sie speichern Regenwasser und helfen somit den Wasserhaushalt im Siedlungsraum regulieren.
- Sie verbessern die Luftqualität und beeinflussen das Klima im Siedlungsraum günstig.
- Sie verwandeln Betonwüsten in grüne, lebensfreundliche Oasen.

Aus diesen Gründen schreiben die Bauordnungen verschiedener Schweizer Gemeinden vor, dass Flachdächer begrünt werden müssen. Es lassen sich im übrigen Dächer bis zu einem Neigungswinkel von 45° bepflanzen, und es gibt verschiedene bewährte Techniken, die je nach Dachart und Anforderung angewendet werden.

Literatur zum Thema: Beins-Franke 1995, Köhler 1993, Krupka 1992

Ein vielgestaltiger ▷
Vorgarten lädt
zu anregenden Gesprächen ein.

Gehölze

Gehölze sind nicht nur ökologisch äusserst wertvoll (siehe Abschnitt „Maxi-Zoo Hecke"), sondern gehören auch zu den vielseitigsten und dankbarsten Gestaltungselementen. Sie eignen sich, um gegen Strassen und Nachbargärten abzugrenzen, vor Wind, Staub und neugierigen Blicken zu schützen, eine steile Böschung zu befestigen, Schatten zu spenden, Kindern Holz zum Werken und Feuern zu liefern, und nicht zuletzt, um den Garten zu gliedern und in Räume zu unterteilen.

Bevor wir einen neuen Garten anlegen oder einen bestehenden umgestalten, überlegen wir, was für Aufgaben Gehölze

erfüllen sollen und entscheiden uns dann für bestimmte Bäume oder Sträucher. Sträucher (Büsche) sind Gehölzpflanzen mit mehreren Trieben. Bäume dagegen haben einen Stamm und werden im allgemeinen viel höher und breiter als Sträucher und brauchen entsprechend mehr Raum.

Bäume

Mit Bäumen setzen wir grosszügige Akzente innerhalb einer Gartenanlage. Sie bilden Gegensätze zu Gebäuden, brechen Kanten, kaschieren unschöne Ausblicke, füllen einen Raum und lockern architektonisch gestaltete Räume auf.
Bevor wir junge Bäume pflanzen, schauen wir uns in unserer Umgebung ausgewachsene Bäume der gewünschten Art an, schreiten den Umfang ihrer Krone ab, um uns vorzustellen, welcher Bereich in Schatten getaucht würde, und schätzen ab, wie hoch die Baumkrone später werden könnte. Würde

Die Hecke auf Erdwall stellt eine ideale Abgrenzung gegen die Strasse dar. Leider ist der Heckensaum viel zu früh (Anfang Juni) gemäht worden.

sie das Haus überragen oder gar erdrücken? Müsste sie schon bald geschnitten werden? Eine einmal gestutzte Baumkrone muss später zwangsläufig wieder zurechtgeschnitten werden. Dies ist recht aufwendig. Und: Wollen wir überhaupt einen verstümmelten Baum?

In kleinen Anlagen wählen wir schlanke oder kleinwüchsige Arten wie Schwarzer Holunder, Mehlbeere, Vogelbeere, Gemeine Föhre (Kiefer) und Schwarzerle.

Bäume können allein, freistehend gesetzt oder von verschiedenen Sträuchern umgeben werden, so dass nach einigen Jahren eine geschlossene Gehölzgruppe entsteht, also bereits eine kleine Hecke.

Hecken

Hecken bestehen aus bandenförmig angeordneten Sträuchern, meist mit eingestreuten Bäumen. Sie sind das spannendste und schönste Gestaltungselement und haben eine lange Geschichte, die mit der bäuerlichen Kultur verbunden ist.

153

In England prägen sie seit dem frühen Mittelalter die Landschaft, im deutschen Sprachraum tauchen sie später auf. Hecken sind künstliche Elemente, die der Mensch angelegt, gehegt und gepflegt hat. Je nach Region haben sie ein anderes Gesicht: Wallhecken, Lesesteinhecken, Weissdornhecken, gemischte Hecken usw. Eines haben sie alle gemeinsam: sie sind ein reichhaltiges Biotop und nützten dem Menschen bis in die erste Hälfte unseres Jahrhunderts auf vielfache Weise. Sie zäunten Felder und Weiden ein, lieferten Brennholz und Holz zum Schreinern; Kräuter, Beeren und Früchte bereicherten die Menükarte, und in der Krautschicht entlang der Hecke gediehen verschiedenste Heilkräuter. Erst in den fünfziger Jahren unseres Jahrhunderts wurden die Hecken vielerorts der intensiv betriebenen Landwirtschaft geopfert.

Literatur zum Thema: Streeter 1988, Thomas 1988

Gehölzauswahl

Wir verwenden ausschliesslich einheimische Gehölze, weil nur sie einer Vielfalt von Tieren Nahrung bieten. Die Tabelle enthält die im schweizerischen Mittelland häufigsten Arten, die auch in weiten Teilen Deutschlands und Österreichs verbreitet und heimisch sind. Allerdings gibt es von Region zu Region Abweichungen, die vor allem in höheren Lagen beträchtlich sein können. Was in unserer Umgebung heimisch ist, finden wir am zuverlässigsten auf Spaziergängen in der Kulturlandschaft heraus. Auskünfte geben auch Bestimmungsbücher wie Adler 1994, Amann 1993, Lauber und Wagner 1996, Oberdorfer 1994.

In der Liste sind die Standortansprüche der Gehölze absichtlich nicht erwähnt. Die Erfahrung zeigt, dass auf einigermassen nährstoffreichem Boden alle einheimischen Arten gedeihen. Nur wenige Gehölze wie die Erlen und der Gewöhnliche Schneeball bevorzugen tiefgründigen, eher feuchten Boden. Fast alle schätzen Sonne. Einige ertragen Halbschatten oder sogar Schatten, zum Beispiel Roter Hartriegel, Rote Heckenkirsche, Liguster, Efeu, Buchs, Stech-

Der Schwarzdorn blüht, bevor die Blätter austreiben.

Einheimische Sträucher (Bestellschein – darf kopiert werden)

Anzahl	Art	maximale Höhe in m	Blütezeit (in Monaten 1–12)
	Ohrweide, *Salix aurita*	3	4–5
	Schwarzwerdende Weide, *Salix nigricans*	4	4–6
	Grauweide, *Salix cinerea*	5	3–4
	Purpurweide, *Salix purpurea*	6	3–5
	Korbweide, *Salix viminalis*	8	3–4
	Salweide, *Salix caprea*	10	3–5
	Hasel, *Corylus avellana*	6	2–4
	Brombeere, *Rubus* spec.	1,5	7–9
	Zweigriffliger Weissdorn, *Crataegus oxyacantha*	10	5
	Eingriffliger Weissdorn, *Crataegus monogyna*	5	5–6
	Hundsrose, *Rosa canina*	3	6
	Schwarzdorn, *Prunus spinosa*	3	4
	Pfaffenhütchen, *Euonymus europaea*	3	6–7
	Kreuzdorn, *Rhamnus cathartica*	3	5
	Faulbaum, *Frangula alnus*	4	5–7
	Sanddorn, *Hippophae rhamnoides*	3	4–5
	Hartriegel, *Cornus sanguinea*	4	5
	Kornelkirsche, *Cornus mas*	6	3
	Liguster, *Ligustrum vulgare*	5	5–7
	Schwarzer Holunder, *Sambucus nigra*	7	5–6
	Traubenholunder, *Sambucus racemosa*	3	4–5
	Wolliger Schneeball, *Viburnum lantana*	2,5	5
	Gemeiner Schneeball, *Viburnum opulus*	3	5–6
	Himbeere, *Rubus idaeus*	1	5–7
	Rote Heckenkirsche, *Lonicera xylosteum*	2	4–5
	Berberitze, *Berberis vulgaris*	3	5–6

155

palme und Eibe. Fichte, Weisstanne, Lärche, Arve und Bergkiefer sind zwar einheimisch, gehören jedoch nicht ins Tiefland. Sie fehlen daher in der Tabelle.

Wer eine immergrüne Hecke möchte, kann viele Eiben und Stechpalmen pflanzen. Auch Buchs ist immergrün, wächst aber sehr langsam. Wer mehr auf ökologisch interessante Sträucher setzt, bevorzugt Weissdorn, Schwarzdorn und Heckenrose, die vorherrschenden Sträucher in den Hecken Norddeutschlands und Grossbritanniens. Wissenschaftliche Untersuchungen bestätigen, dass an diesen drei Arten bedeutend mehr Insektenarten leben als auf andern Sträuchern (siehe Abschnitt „Maxi-Zoo Hecke"). Schliesslich überlegen wir, ob unsere Hecke dornenreiche Arten erträgt. Wird beispielsweise in der Nähe oft Ball gespielt, setzen wir die dornigen Arten nicht in die vorderste Reihe.

Kleine Gehölze (50 bis 150 cm hoch) und solche mit einem Trieb (sogenannte „Eintrieber") oder mit wenigen Trieben (sogenannte „leichte Büsche" oder „leichte Sträucher") eignen sich aus folgenden Gründen besonders gut: sie sind billig, lassen sich leicht pflanzen, wachsen besser an und entwickeln sich rasch. Diese Gehölze werden ohne Erdballen um die Wurzeln geliefert, können also auch in grösse-

Prächtig leuchten die Beeren des Weissdorns – für uns eine Augenweide, für Vögel ein Leckerbissen.

Einheimische Bäume (Bestellschein – darf kopiert werden)

Anzahl	Art	maximale Höhe in m	Blütezeit (in Monaten 1–12)
	Eibe, *Taxus baccata*	5	3–4
	Waldföhre (Gewöhnliche Kiefer), *Pinus sylvestris*	40	5
	Wachholder, *Juniperus communis*	3	4–5
	Buchs, *Buxus sempervirens*	4	3–4
	Silberweide, *Salix alba*	30	4–5
	Zitterpappel, *Populus tremula*	20	3–4
	Schwarzerle, *Alnus glutinosa*	25	2–4
	Grauerle, *Alnus incana*	25	2–4
	Birke, *Betula pendula*	20	4–5
	Hainbuche, *Carpinus betulus*	25	5
	Rotbuche, *Fagus sylvatica*	40	4–5
	Stieleiche, *Quercus robur*	50	4–5
	Traubeneiche, *Quercus petraea*	40	4–5
	Bergulme, *Ulmus glabra*	35	3
	Mehlbeerbaum, *Sorbus aria*	10	5
	Vogelbeere, *Sorbus aucuparia*	15	5–6
	Traubenkirsche, *Prunus padus*	10	4–6
	Vogelkirsche, *Prunus avium*	20	4–5
	Stechpalme, *Ilex aquifolium*	10	5
	Bergahorn, *Acer pseudoplatanus*	30	4–5
	Spitzahorn, *Acer platanoides*	20	4
	Feldahorn, *Acer campestre*	15	5
	Winterlinde, *Tilia cordata*	25	6–7
	Sommerlinde, *Tilia platyphyllos*	25	6–7
	Esche, *Fraxinus excelsior*	30	4–5

ren Mengen problemlos transportiert werden. Von Bäumen pflanzen wir ebenfalls kleine, höchstens zwei Meter hohe Exemplare. Grössere wachsen oft schlecht an, gedeihen nur sehr langsam, sind zudem teuer und verlangen mehr Pflege. Wollen wir naturnah arbeiten, müssen wir akzeptieren, dass die Natur Zeit braucht und nicht alles machbar ist. Um grosse Bäume zu versetzen, braucht es energiefressende Spezialmaschinen. Dies ist ökologischer Unsinn. Oft ist zudem der Verpflanzungsschock so gross, dass die Bäume viele Jahre lang gleich gross bleiben.

157

Weinrebe und andere Gehölze bringen auch auf kleiner Fläche viel Grün und Natur in die Stadt.

Die Tabellen auf den Seiten 155 und 157 sind als Muster für einen Bestellschein gedacht. Die Zahlen für Maximalhöhen der Gehölze schwanken in der Literatur stark. Die Angaben stammen aus Oberdorfer (1994).

Beschaffen der Gehölze

Zukauf

Für das Beschaffen von einheimischen Gehölzen bestehen ähnliche Schwierigkeiten wie für Stauden. Forstbaumschulen bieten zwar eher Gewähr, dass die Ware einwandfrei ist; aber mit dem Herkunftsnachweis hapert es auch bei ihnen. Trotzdem verwenden wir möglichst Baumschulware, weil Gehölze ausgraben mühsam und zeitraubend ist und sich solche Pflanzen meist langsamer entwickeln. Auch benötigen wir dazu die Erlaubnis des Försters oder Besitzers.

Gärtnereien verkaufen manchmal Sträucher, doch ist ihr Angebot an einheimischen Arten begrenzt. Oft werden die Gehölze nur mit Erdballen verkauft, was wesentlich teurer ist. Beim Bestellen sind unbedingt die wissenschaftlichen Namen anzugeben. Steht auf den Etiketten im Anschluss an den wissenschaftlichen Namen eine dritte oder gar eine vierte Bezeichnung, handelt es sich meistens um eine Gartenform und nicht um die einheimische Wildform, zum Beispiel *Ligustrum vulgare* 'Atrovirens'.

Vermehrung über Stecklinge

Viele Sträucher lassen sich über Stecklinge vermehren. Natürlich dauert es länger, bis die Sträucher ausgewachsen sind, dafür ist die Methode billig. Wir schneiden von Sträuchern etwa 30 cm lange Steckhölzer von mindestens 1 cm Durchmesser und stecken sie schräg in den Boden, so dass sie nur etwa 10 cm weit aus dem Boden ragen. In Anlagen, wo sich Kinder aufhalten, verwenden wir 50 cm lange und gut fingerdicke oder noch dickere Stecklinge. Mit dem Locheisen schlagen wir Löcher in den Boden und setzen die Stecklinge so tief, dass sie nur wenige Zentimeter herausragen, damit die Kinder sie nicht herausreissen können.

Die Monate November bis März sind zum Setzen am günstigsten. Weidenstecklinge können bis in den Juni hinein gesteckt werden.

Diese Vermehrungsmethode eignet sich für alle Weidenarten (ausser der Salweide) sehr gut, sie ist auch für folgende Gehölze möglich: Hasel, Waldrebe, Pfaffenhütchen, Faulbaum, Sanddorn, Roter Hartriegel, Liguster, Schwarzer Holunder, Traubenholunder, Wolliger Schneeball, Gewöhnlicher Schneeball, Windendes Geissblatt, Rote Heckenkirsche, Efeu und Zitterpappel.

Handelsübliche Strauchformen: Strauch ohne Erdballen (leichter Busch, oben), Strauch mit Erdballen (unten).

Anlage von Hecken

Die verwendeten Straucharten sowie die Art der Pflanzung und der Pflege bestimmen den Charakter einer Hecke. Als wir vor 30 Jahren begannen, in Privatgärten und öffentlichen

159

Das Heckensortiment eignet sich für eine 10 m lange und 1,5 m breite Hecke. Pflanzen wir zweireihig versetzt im Abstand von 50 cm, benötigen wir 30 Stück. Ist der Streifen schmaler, pflanzen wir in einer Reihe im Abstand von 40 cm. Dann brauchen wir nur 26 Stück. Die aufgeführten Gehölzarten blühen von Februar–März bis Juli.

Heckensortiment mit ökologisch wertvollen Gehölzen für den Hausgarten – Bestelliste (darf kopiert werden)

Anzahl	Gehölzart	maximale Höhe in m
2	Purpurweide, *Salix purpurea*	6
1	Hasel, *Corylus avellana*	6
2	Zweigriffliger Weissdorn, *Crataegus oxyacantha*	10
2	Hundsrose, *Rosa canina*	3
2	Schwarzdorn, *Prunus spinosa*	3
2	Pfaffenhütchen, *Euonymus europaea*	3
2	Kreuzdorn, *Rhamnus cathartica*	3
2	Faulbaum, *Frangula alnus*	4
2	Hartriegel, *Cornus sanguinea*	4
2	Liguster, *Ligustrum vulgare*	5
1	Schwarzer Holunder, *Sambucus nigra*	7
2	Traubenholunder, *Sambucus racemosa*	3
2	Wolliger Schneeball, *Viburnum lantana*	2,5
2	Gewöhnlicher Schneeball, *Viburnum opulus*	3
2	Rote Heckenkirsche, *Lonicera xylosteum*	2
1	Vogelbeere, *Sorbus aucuparia*	15
1	Feldahorn, *Acer campestre*	15

So sah die Hecke mit leichten Büschen frisch gepflanzt aus (rechte Seite oben).

Nach vier Jahren bildet die Hecke mit ihren lebenden Wänden einen Raum, der Geborgenheit verleiht (rechte Seite unten).

Anlagen Hecken zu pflanzen, gingen wir von folgenden Wunschvorstellungen aus:
– Die Hecke sollte zwischen 2 und 4 m breit sein.
– Sie sollte die häufigsten einheimischen Gehölzarten der Hecke enthalten.
– Sie sollte sich rasch schliessen und natürlich aussehen: einmal schmal, dann wieder breiter; hier niedrig, dort höher.

Aus diesen Vorstellungen ist die nachfolgende Anleitung für die Anlage von Hecken entstanden. Inzwischen haben wir viele Hecken nach diesem „Grundrezept" angelegt, immer mit grossem Erfolg. Nach drei bis fünf Jahren waren die Hecken jeweils geschlossen.

Unser Heckenrezept lässt sich beliebig abwandeln und den jeweiligen Verhältnissen und Bedürfnissen anpassen.

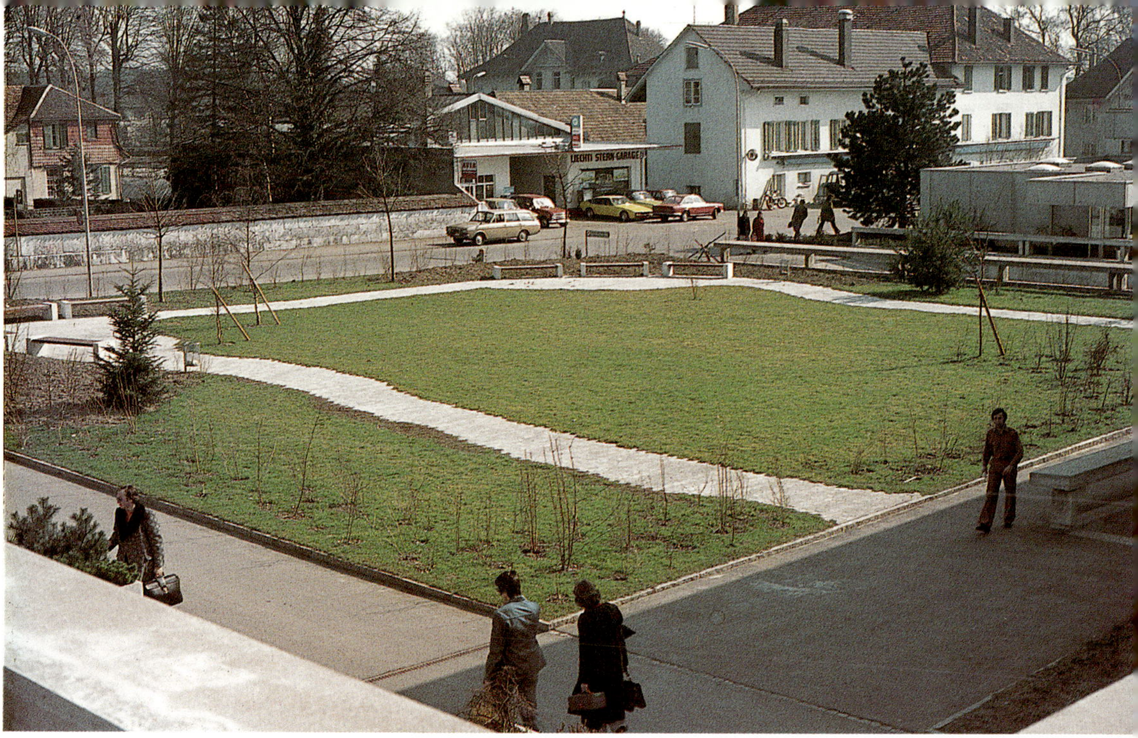
LIECHTI STERN GARAGE
AVIA

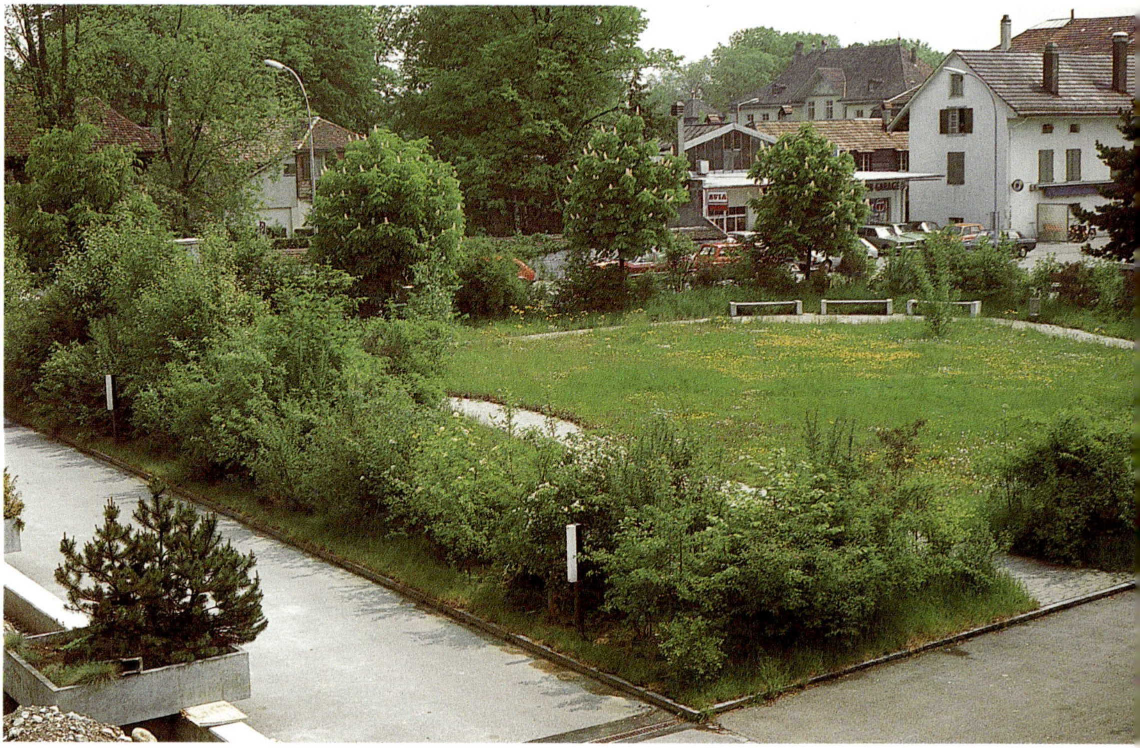
AVIA
GARAGE

Pflanzanleitung

Pflanzzeit. Gehölze pflanzen wir während der blattlosen Jahreszeit, also von Anfang November bis Ende März, jedoch nicht bei gefrorenem Boden. Der Spätherbst eignet sich besser, weil vor Weihnachten längere Frostperioden selten sind und bei Nachttemperaturen unter Null der Boden meist noch nicht friert, so dass gepflanzt werden kann. Zudem können sich die Pflanzen besser an ihren neuen Standort anpassen, das heisst während des Winters wachsen die Wurzeln, so dass das Gehölz für die Entwicklung der Blätter im Frühjahr mehr Wasser aufnehmen kann. Ausserdem ist das Pflanzenangebot in den Forstbaumschulen vor Weihnachten grösser.

Vorbereiten des Bodens. Der Boden braucht nicht besonders vorbereitet zu werden. Sträucher können ohne Bedenken in den Rasen oder in die Krautschicht gesetzt werden. Wollen wir uns die Arbeit erleichtern und erst noch die zukünftige Hecke markieren, stechen wir auf der gewünschten Länge und Breite Rasenziegel aus. Düngen ist überflüssig. In der Natur wachsen die meisten Gehölzarten auf erstaunlich humusarmem, oft sogar felsigem Boden. Auf humusreichem Boden wachsen die Gehölze natürlich rascher.

Abstand der Gehölze. Ist der Streifen 2 bis 3 m breit, setzen wir zwei bis drei Reihen Sträucher, wobei die einzelnen Exemplare versetzt zueinander und 50 bis 80 cm voneinander entfernt stehen. So benötigen wir je laufenden Meter

Für die Hecke setzen wir zwei bis drei Reihen Sträucher, die einzelnen Exemplare jeweils versetzt und 50 bis 80 cm weit voneinander entfernt.

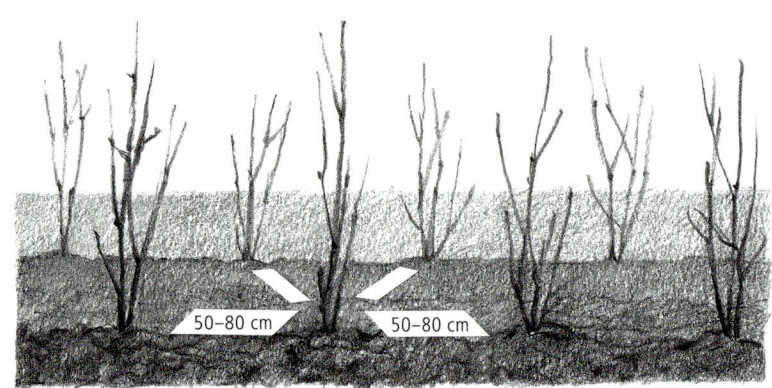

50–80 cm   50–80 cm

drei bis fünf Sträucher. Bei grösserem Abstand zwischen den Sträuchern schliesst sich die Hecke bedeutend langsamer. Grenzt sie an eine Strasse oder an einen Weg, wahren wir einen Abstand von 50 bis 100 cm, damit wir die Sträucher nicht zu oft zurückschneiden müssen.

Stehen uns breite Streifen zur Verfügung (3 m und mehr), bepflanzen wir trotzdem nur einen schmalen Streifen in der Mitte aus drei bis fünf Reihen, die einzelnen Sträucher stehen wiederum versetzt. Die Hecke entwickelt sich natürlich und wächst in die Breite. Entlang der Hecke kann eine Krautschicht gedeihen, der sogenannte Heckensaum, der als andersartiger wertvoller Biotop die Hecke ergänzt. Sanddorn, Hartriegel, Schwarzdorn und andere Heckengehölze bilden Wurzelbrut, das heisst aus Wurzeln wachsen ständig neue Triebe aus, so dass sich die Hecke binnen weniger Jahre schliesst und sich stark ausbreitet, falls die angrenzende Grasfläche nicht gemäht wird.

Ist der Streifen weniger als 2 m breit, pflanzen wir die Sträucher auf einer Linie im Abstand von ungefähr 50 cm.

Verteilen der Arten. Die verschiedenen Arten mischen wir bunt durcheinander, setzen also nicht mehrere Gehölze der gleichen Art zusammen. Jede Strauchart ist anders von Wuchs und Gestalt und hat andere Eigenarten. Die Arten ergänzen sich und nützen zusammen den Raum besser aus: Die über 2 m langen Triebe der Heckenrose schlagen lange Bogen, jene des Hartriegels ragen bolzengerade in die Höhe, die Triebe anderer Gehölze verkrallen sich seitwärts in ihre Nachbarn. Bei genügend Platz passt sogar hie und da ein Baum hinein.

Pflanzen. Vor dem Pflanzen legen wir die Sträucher mit den Wurzeln auf jene Stelle, wo sie stehen sollen. Wir graben mit dem Spaten ein grosses Loch, damit die Wurzeln genügend Platz haben, und stellen den Strauch oder Baum hinein und halten ihn an den Trieben fest. Dann schieben wir mit dem Schuh oder mit der Schaufel Erde ins Loch, so dass die Wurzeln vollständig mit Erde bedeckt werden, die Triebe jedoch ganz frei bleiben. Zuletzt drücken wir mit dem Schuh die Erde rund um die Triebe oder den Stamm fest. Vorsicht! Mit dem Schuh die Rinde nicht verletzten. Ist der Strauch zu tief eingepflanzt, ziehen wir ihn unter ständigem Rütteln leicht in die Höhe, so dass die Erde ins Loch fällt, und drücken die Erde nochmals mit dem Schuh vorsichtig an.

Angiessen der frisch gepflanzten Sträucher ist nicht nötig, falls in der blattfreien Jahreszeit und in feuchte Erde gesetzt wird. Verfügen wir über genügend Laub, bedecken wir den Raum zwischen den Sträuchern mit einer 20 cm dicken Laubschicht, unabhängig davon, ob wir in umgebrochenen Boden oder in Rasen gepflanzt haben. Die Laubabdeckung hält den Boden feucht, markiert die frisch gepflanzten Sträucher und drängt im Frühjahr die krautigen Pflanzen zurück.

Lagerung. Können die Sträucher nicht gleich nach der Lieferung gepflanzt werden, lagern wir sie im Schatten mit bedeckten Wurzeln oder stellen sie zusammen in eine Grube und bedecken die Wurzeln mit Erde. So können die Sträucher problemlos mehrere Wochen gelagert werden. Hauptsache, die Wurzeln trocknen nicht aus.

Bei grösseren Pflanzaktionen müssen wir den **Zeitaufwand** abschätzen können. Erfahrungsgemäss pflanzt eine erwachsene Person 5 bis 15 Sträucher je Stunde.

Nach dem Pflanzen drücken wir mit dem Schuh die Erde rund um die Triebe fest, aber wir achten darauf, dass wir mit dem Schuh die Rinde nicht verletzen.

Ein Astwall schützt die frisch gepflanzte Hecke und fördert ihr Wachstum.

Erste Pflege

Nun haben wir die Hecke gepflanzt. Wie geht es weiter? Im ersten Jahr werden Gras und Kräuter wuchern, vielleicht sogar meterhoch. Was tun? Mähen? Auf gar keinen Fall! Wenn wir noch so sorgfältig vorgehen, verletzen wir mit Sense, Motorsense oder Sichel die Rinde einzelner Sträucher. Die Sträucher kränkeln oder sterben gar ab. Erfahrungen zeigen, dass Eingreifen müssig ist, denn ohne menschliches Zutun entwickelt sich in tieferen Lagen bis zur Baumgrenze letztlich Wald. Nach drei bis fünf Jahren, wenn die Sträucher grösser sind und Schatten werfen, stirbt das Gras ab und macht niedrigeren Schattenpflanzen Platz.

Grenzt die Hecke an eine Wiese oder an einen Rasen, mähen wir höchstens bis auf einen halben Meter an die jungen Sträucher heran. Die Erfahrung zeigt, dass ohne klare Abgrenzung meist an die Sträucher herangemäht und die Sträucher verletzt werden. Damit dies nicht geschieht, schichten wir der Hecke entlang Äste ungefähr 1 m hoch auf. Dies fördert das Wachstum und verhindert auch, dass Kinder beim Spiel einzelne Triebe niedertreten. Mit der Zeit sinken die Asthaufen zusammen, werden von der Krautschicht überwuchert und verschwinden ohne unser Dazutun. Je nach Dichte der Asthaufen dauert dies zwei bis fünf Jahre.

165

Geschützt vom Ast-wall, steht die neu-gepflanzte Hecke im frischen Grün. Der Astwall verhin-dert auch, dass Kin-der unvermittelt auf die Strasse rennen.

Heckenschnitt

Eine Hecke ist lebendig, sie wächst, dehnt sich aus. Sträu-cher können mehrere Meter hoch werden; Bäume ragen heraus. Über kurz oder lang – je nach Platzverhältnissen – kommt der Augenblick, wo wir sie in Schranken weisen, also zurückschneiden müssen. Der Schnitt bestimmt das Gesicht der Hecke.

Wir schneiden nicht gedankenlos darauflos, sondern über-legen uns vor der Arbeit genau, was wir wollen. Schneiden wir einen Trieb ab, bilden sich an der Schnittstelle mehrere neue Sprosse. Diese Regel halten wir uns immer vor Augen und stellen uns vor, was geschieht, wenn wir an einer be-stimmten Stelle schneiden. Die Abbildung zeigt, wie sich Schnittmassnahmen auswirken.

Schneiden wir einen Trieb auf Augenhöhe, entstehen be-senartige Gebilde. Im Heckeninnern schafft dies günstige Nistgelegenheiten für Buchfink, Mönchsgrasmücke und an-dere Vögel, die ihr Nest in Astgabeln bauen. Am Rande der

166

Heckenschnitt.

Schneiden wir einen Trieb auf Augenhöhe, schlägt er besenartig aus.

Schneiden wir einzelne Triebe am Rand dicht über dem Boden, bildet der Strauch mehrere neue Triebe und wird dichter.

Setzen wir den Strauch auf den Stock (alle Triebe werden dicht über dem Boden abgeschnitten), wachsen viele neue Triebe und der Strauch wird dichter.

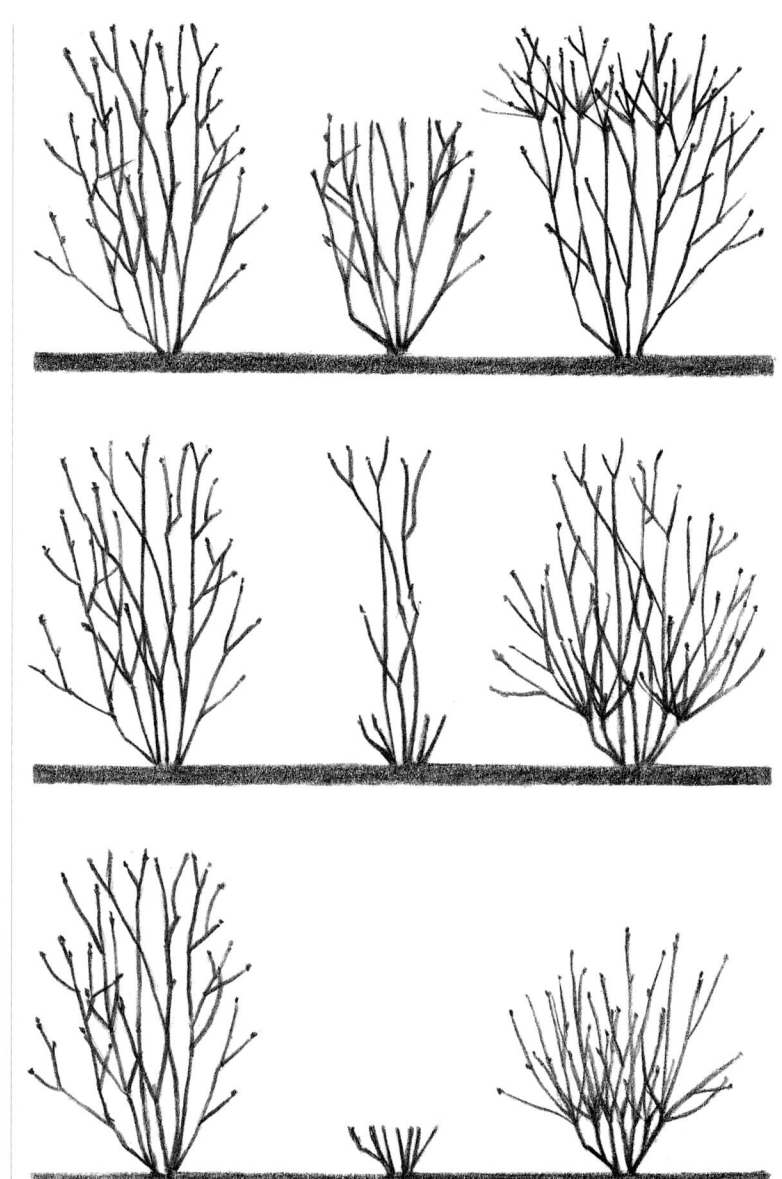

Hecke vermeiden wir dies aus ästhetischen Gründen. Dort setzen wir die Sträucher teilweise auf den Stock, das heisst, wir schneiden alle Triebe, die zu weit herausragen, dicht über dem Boden weg. Im Augenblick sieht dies zwar recht kahl aus; spätestens im folgenden Jahr grünen an der

167

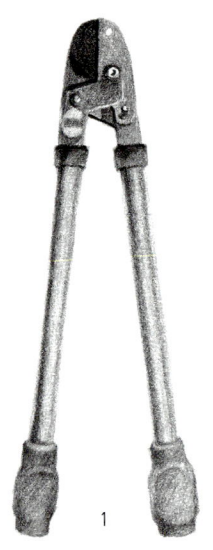

Schnittstelle viele neue Sprosse. Wird ein Baum in der Hecke zu hoch, setzen wir ihn ebenfalls auf den Stock. Viele Bäume ertragen dies und schlagen dann strauchartig aus. Dünne Zweige zwacken wir mit der Baumschere ab, und zwar dicht an der Gabelung. So sind die Schnittstellen kaum sichtbar. Für dickere Zweige bis zu 4 cm Durchmesser nehmen wir die Astschere, und für noch dickere Äste greifen wir zur Handsäge.

In welcher Jahreszeit soll geschnitten werden? Einheimische Gehölze, vor allem Sträucher, ertragen das Schneiden zu jeder Jahreszeit. Müssen wir viel zurückschneiden, eignet sich aus ökologischen Gründen die blattlose Jahreszeit besser: Die Gäste der Hecke – Insekten, Spinnen, Vögel werden dann nicht gestört und verlieren nicht plötzlich ihren Lebensraum.

Wohin mit dem Schnittgut? Heutzutage wird fast alles Astmaterial mit grossem Energieaufwand und ohrenbetäubendem Lärm gehäckselt. Dabei gibt es viele Möglichkeiten, das Schnittgut für verschiedenste Zwecke zu gebrauchen.

Verwendung des Schnittgutes
- Zum Grillen anstelle von Holzkohle.
- Zum Verfeuern im Kamin oder Ofen.
- Gerade Stecken von Hasel, Hartriegel und andern zum Aufbinden von Pflanzen im Nutzgarten.
- Asthaufen unter der Hecke als Brutplatz für den Zaunkönig.
- 10 bis 20 cm dicke Astschicht unter der Hecke, wo sie „ungesehen" verrottet und gleichzeitig vielen Tierarten wie Insekten, Blindschleichen, Molchen, Igeln und anderen Unterschlupf bietet.
- Weidenbank und Astsofa bauen
- Astwall und Holzzaun bauen

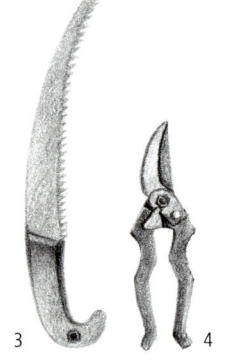

Werkzeuge für den Gehölzschnitt:
Baumschere (1), Astschere (2),
Handsäge (3), Heckenschere (4).

Heckenpotpourri

„Mauerhecke"

Je weniger Raum zur Verfügung steht, desto öfter muss eine Hecke geschnitten werden. Mit der Heckenschere lässt sich zum Beispiel eine klassische, streng geschnittene Hecke gestalten, je nach Platz höher oder tiefer, breiter oder schmaler. Wir nennen sie „Mauerhecke". Unser Weg führt uns häufig an einer alten Mauerhecke vorbei (Masse: 200 m lang, 2 m hoch, 1 m breit). Welche Vielfalt auf kleinem Raum: Hainbuche, Pfaffenhut, Schwarzdorn, Weissdorn, Efeu, Roter Hartriegel, Liguster, Rosskastanie, Esche, Hopfen, Feldahorn, Stachelbeere, bereifte Brombeere, Schwarzer Holunder und Bergahorn – 15 Arten! Und das Unglaubliche: Die Hecke ist vor hundert Jahren stellenweise als reine Weissdornhecke angelegt worden.

Zögern wir also nicht, in Mauerhecken, auch in niedrigen, verschiedene Arten zu verwenden. Sträucher ertragen es problemlos, ein- bis zweimal im Jahr zurückgeschnitten zu werden. Obwohl dann nicht mehr alle Arten blühen, bleibt die Hecke trotzdem ein kostbarer Lebensraum. Im Dickicht brüten verschiedene Vogelarten, an den Blättern entdecken wir immer wieder Frassspuren, Miniergänge und Gallen, und aus dem Unterholz strecken Knoblauchsrauke, Goldnessel und viele andere ihre Köpfchen.

Eine Hecke an einer stark begangenen Strasse schneiden wir bis auf eine Höhe von etwa 2 m wie eine Mauer. Darüber lassen wir sie natürlich wachsen und kürzen auch die Wipfel nicht. Allmählich bildet sich ein grünes Dach, ein willkommener Schattenspender im Sommer. Je nach Platzverhältnissen schneiden wir die Hecke nur auf einer Seite mauerartig, auf der andern lassen wir sie frei wachsen und freuen uns, dass die Gehölze wenigsten auf einer Seite blühen.

Hecke auf magerem Boden

Die Bodenbeschaffenheit spielt eine wesentliche Rolle, ob eine Pflanze schnell oder langsam gedeiht. Dies berücksichtigten wir in einem Fall, als wir in einem Streifen von nur

169

90 cm Breite fremdländische Berberitzen durch einheimische Gehölze ersetzten, und zwar durch Weissdorn, Hundsrose, Schwarzdorn, Pfaffenhütchen, Hartriegel, Liguster, Wolliger Schneeball, Mehlbeerbaum, Vogelbeerbau, Bergahorn, Feldahorn und Esche. Der Boden enthält wenig Humus und ist von Asphalt umgeben. Auch bei sehr trockenem Wetter wässern wir die Sträucher nicht. Erstaunlicherweise ertragen sie das. Sie wachsen deswegen langsam und müssen daher kaum geschnitten werden.

Wallhecke oder Knick

Auf Wanderungen und Reisen holen wir uns immer wieder Anregungen für die Gartengestaltung. Im Schweizer Jura begeisterten uns Lesesteinhecken, in Grossbritannien und Norddeutschland verschiedenartige Wallhecken. Eine Wallhecke, in Schleswig-Holstein „Knick" genannt, ist ein mit Buschwerk bewachsener Erdwall. Wallhecken mit ihrem üppigen Pflanzen- und Blumenbestand sind ein phantastisches Gestaltungselement. Sie brauchen nicht mehr Platz als eine gewöhnliche Hecke. Der Erdwall hat ungefähr folgende Masse: Breite an der Basis 2,5 m, Höhe 1 m, Kronenbreite 1,5 m. Selbstverständlich kann der Wall noch höher und breiter sein. Je höher er ist, desto besser dämpft er Lärm. Die Büsche werden auf den Wall gepflanzt und bilden schon nach wenigen Jahren ein dichtes Blätterdach, das den Garten in einen windgeschützten, behaglichen Raum verwandelt. Die steilen Böschungen werden ohne Einsaat rasch bewachsen und bilden zusammen mit der Hecke einen äusserst reichhaltigen Lebensraum.
Ein Wort zur Pflege: die herausragenden Äste stören kaum, weil die Hecke höher liegt. Sie muss daher nur selten geschnitten werden. Dafür muss die krautige Böschung im Herbst gemäht werden. Da das Bord steil und das Kraut zäh ist, greifen wir zur Waldsense, Motorheckenschere oder zum Balkenmäher mit einem 70 cm breiten Senseblatt.

Grün an Fassaden

Im städtischen Siedlungsraum fordern graue Häuserfassaden geradezu heraus, in grüne Oasen verwandelt zu werden und so den Siedlungsraum in verschiedener Hinsicht aufzuwerten: Er gewinnt an Schönheit, Menschen fühlen sich darin wohler, und Leben kehrt in die Betonwüste zurück. Amsel, Grünfink, Distelfink und Grauschnäpper werden für den neuen Wohnraum dankbar sein. Ausserdem schützt Fassadengrün die Mauern vor Feuchtigkeit und wirkt als Staubfilter.

Leider eignen sich nur wenig einheimische Gehölze zum Begrünen von Fassaden (Tabelle). Nur Efeu und einige fremdländische Kletterpflanzen wie Wilder Wein klettern ohne Kletterhilfe an der Fassade hoch.

Die meisten anderen Kletterpflanzen brauchen Kletterhilfen.

Bei folgender Oberflächenbeschaffenheit ist von Selbstklimmern abzuraten:
- rissige Fassade
- Fachwerk (Holzschutzprobleme, Pilzbefall)
- Holzoberfläche (Holzschutzprobleme, Pilzbefall)
- vorgehängte Wände (Absprengrisiko)
- Wände mit kunststoffhaltigem Wandanstrich

Einheimische Pflanzenarten für die Fassadenbegrünung

	maximale Höhe in m	Blütezeit (in Monaten 1–12)
Gehölze		
Efeu, *Hedera helix*	20	9–10
Waldrebe, *Clematis vitalba*	8	7–8
Windendes Geissblatt, *Lonicera periclymenum*	5	6–8
Stauden		
Zweihäusige Zaunrübe, *Bryonia dioica*	4	6–7
Schmerwurz, *Tamus communis*	3	5–6
Waldplatterbse, *Lathyrus sylvestris*	2	7–8
Bittersüsser Nachtschatten, *Solanum dulcamara*	1,5	6–8
Hopfen, *Humulus lupulus*	6	7–8

Einheimische Kletterpflanzen (Bestellschein – darf kopiert werden)

Anzahl	Art	maximale Höhe in m	Blütezeit (in Monaten 1–12)
	Waldrebe, *Clematis vitalba*	10	7–8
	Windendes Geissblatt, *Lonicera periclymenum*	3	6–8
	Efeu, *Hedera helix*	20	9–10

Schlinger oder Winder wie Hopfen, windendes Geissblatt winden ihre Triebe um Kletterhilfen: senkrecht gespannte Drahtseile, Drähte oder ein Gestell aus Dachlatten.

Ranker wie Weintraube, Waldrebe klammern sich mit ihren Ranken an Kletterhilfen fest. Dafür eignen sich gitterförmige Kletterhilfen oder senkrecht gespannte Drähte.

Spreizklimmer wie Kletterrosen besitzen keine eigentlichen Kletterorgane. Ihre Triebe müssen daher an waagrechten oder senkrechten Kletterhilfen festgebunden werden: Drähte, Drahtseil oder ein Dachlattengitter. Kletterrosen verwandeln die grauste Betonmauer rasch in ein Dornröschenschloss und blühen, wenn wir die verwelkten Rosen wegschneiden, bis in den Oktober hinein. Obwohl es sich um Zuchtformen handelt, stehen sie den einheimischen Arten recht nahe und werden entsprechend von vielen Insekten besucht. Beim Kauf achten wir auf robuste Sorten.

Auch mit **Spalierobst** lassen sich Fassaden begrünen. Die Blüten spenden Nektar, und wir schaffen Wohnraum für Grauschnäpper und Co., anderseits ernten wir im Herbst eigene Früchte. Apfel-, Birn-, Pfirsich-, Aprikosen-, Kirschbaum und sogar Kiwi eignen sich ausgezeichnet.

Mit Kletterpflanzen und Spalierobst können auch Gartenlauben bepflanzt werden.

Kletterpflanzen und Spalierobst müssen regelmässig geschnitten werden.

Literatur zum Thema: Althaus 1987, Köhler 1993

172

Wasser im Garten

Eine Wasserstelle bereichert den Garten, zieht Kinder und Erwachsene gleichermassen an, regt je nach Alter zu andern Tätigkeiten an: Herumplanschen, hineingucken, wirbellose Tiere fangen, beschaulich am Weiher sitzen. Der Teich und seine Umgebung sind Lebensraum für eine mannigfaltige Tierwelt einerseits, Spielraum für Kinder und Erholungsraum für Erwachsene andererseits. Er kann in Privatgärten oder in öffentlichen Anlagen, an der Sonne oder im Schatten gebaut werden; er kann je nach Platz- und finanziellen Verhältnissen winzig klein oder riesengross sein.

Wir planen einen Weiher

Lage

Der Standort prägt den Charakter des Weihers. An der Sonne entwickelt er sich anders als im Schatten. Folgende Punkte sind zu beachten:
1. Bevor wir den Standort wählen, entscheiden wir, wie wir den Garten benutzen. Wir legen den Weiher entweder nahe beim Sitzplatz oder Wohnzimmerfenster an, damit wir vom Haus aus sehen, was um den Teich herum läuft, oder vom Haus entfernt, wenn uns der Nutzgarten oder die Spielecke der Kinder in der Nähe des Hauses wichtiger sind.
2. Wir legen den Weiher nicht im Wurzelbereich von Bäumen und Sträuchern an, um die Wurzeln nicht zu beschädigen.
3. In der Nähe von Bäumen fällt sehr viel Laub in den Weiher. Viele Tierarten, zum Beispiel Wasserasseln und

173

Es lächelt der Schwimmteich. Er ladet zum Baden, ohne Allergien.

Eintagsfliegenlarven, fressen Laub. Je grösser das Nahrungsangebot, desto rascher vermehren sie sich und desto mehr Sauerstoff entziehen sie dem Wasser. Mit der Zeit verwandelt sich der Teich in eine stinkende Brühe. Blätter können einen kleinen Teich sehr rasch füllen, so dass er verlandet. Um dies zu vermeiden, räumen wir im Spätherbst einen Teil der Blätter aus. Sträucher werfen wenig Laub ab, so dass wir sie ohne weiteres in die Nähe des Weihers pflanzen können.

Grösse

Für die Grösse gibt es keine Regel. Zwar wird immer wieder gefordert, der Weiher müsse mindestens einen Meter tief sein. Natürlich vorkommende Weiher und Tümpel strafen diese Forderung Lügen. Wir finden in der freien Natur alle Grössen: Kleinsttümpel, die im Sommer regelmässig austrocknen, und grosse Weiher, fast kleine Seen. Kleinsttümpel

174

im Garten haben einen Nachteil: Sie sind ideale Brutstätten für Stechmücken, weil die Wasserstelle im Sommer immer wieder austrocknet und sich deswegen keine Räuber ansiedeln, die Mückenlarven verspeisen. In stehenden Gewässern, die nicht oder nur einmal jährlich im Herbst entleert werden, finden wir kaum Stechmücken.

Bereits ein kleiner Weiher, 3 m² gross und 30 cm tief, beherbergt wirbellose Tiere und sogar Amphibien wie den Bergmolch (siehe Abschnitt „Was lebt in einem kleinen Weiher?", Seite 73). Libellen schwirren herum und legen ihre Eier ab. Ist die Umgebung genügend naturnah, laichen sogar Erdkröten und Grasfrösche.

Form

Welche Form soll der Teich haben? Natürlich empfehlen sich sanft auslaufende, harmonisch geformte Ufer. Diese sind reizvoll, benötigen jedoch sehr viel Raum. Zum Laichen ziehen manche Lurche wie Erdkröte und Grasfrosch seichte Ufer vor. Andere Amphibien hingegen überwinden

Ein Weiher, zwar liebevoll angelegt, aber klinisch rein und ökologisch fast wertlos.

Statt Wassermusik beim Dinner tanzende Libellen und badende Vögel am naturnahen Weiher.

sogar senkrechte Mauern. In einem steinbehauenen Springbrunnen mit senkrechten Wänden entdeckten wir Kaulquappen der Geburtshelferkröte und in alten Betonweihern Alpenmolche. Für viele wirbellose Tiere spielt die Weiherform keine Rolle.

Steile Ufer sind angezeigt, wenn wir Platz sparen wollen. Zudem erleichtern sie das Hineingucken.

Und wenn der Weiher gefriert?

Im Tiefland Mitteleuropas besteht kaum Gefahr, dass ein Weiher bis auf den Grund gefriert. So war im Winter 1996/97 nach ungefähr 2 Monaten Frost das Eis eines kleinen, 40 cm tiefen Weihers (siehe Seite 72/73) 12 cm dick. Die meisten Amphibienarten überwintern sowieso in Schlupfwinkeln ausserhalb des Teiches. Gerade deshalb müssen wir die Umgebung naturnah gestalten, zum Beispiel indem wir für eine dichte Krautschicht, einen Steinhaufen,

eine Ast- und Laubschicht unter den Gehölzen sorgen usw. Wirbellose Tiere überleben das Einfrieren ohne Schaden; unter bestimmten Bedingungen überleben es sogar Frösche.

Einmal vergassen wir im Winter mehrere Plastikbecken Wasserproben mit verschiedenen wirbellosen Tieren in der Kälte. Oh Schreck – als wir uns daran erinnerten, war das Wasser zu Eisblöcken gefroren. Wir stellten die Becken in die Wärme. Nach einigen Stunden tummelten sich viele Wirbellose im Wasser. Wie ist dies möglich? Die Körpertemperatur der Tiere – mit Ausnahme der Vögel und Säuger – ist weitgehend von der Aussentemperatur abhängig. Sinkt diese, bewegen sich die Tiere immer langsamer, bis sie ab einem bestimmten Punkt in den Starrezustand verfallen. Dann sind alle Lebensvorgänge fast auf Null herabgesetzt. Die Tiere verbrauchen kaum Energie und Sauerstoff. Sobald die Temperatur steigt, werden die Tiere wieder lebendig. Nicht jede Tierart wird bei derselben Temperatur starr. Hummeln beispielsweise fliegen noch bei tieferen Temperaturen als Bienen. Fische und Grasfrösche sieht man sogar noch unter einer dünnen Eisschicht herumschwimmen.

Warum ertragen wirbellose Tiere sogar das Einfrieren? Ihre Körperflüssigkeit enthält Stoffe, die den Gefrierpunkt herabsetzen und verhindern, dass jene bei wenigen Grad unter Null gefriert.

Bauen und Abdichten

Der Weiher kann zu jeder Jahreszeit angelegt werden. Sind Länge und Grösse abgesteckt, schaufeln wir ihn aus. Grössere Weiher lassen wir ausbaggern.

Bevor wir die Arbeit anpacken, machen wir uns Gedanken darüber, was mit dem Aushubmaterial geschehen soll. Wir nehmen davon soviel humusarmes Material weg, wie wir benötigen, um die Abdichtung des Weihers zu bedecken. Rasenziegel und übriges Material verwenden wir zum Modellieren weiterer Gestaltungselemente wie Hügel, Erdwall, Graswall.

Auf einfache Art und Weise lässt sich feststellen, ob das Ufer überall gleich hoch ist. Wir benützen als Waage einen mit

177

Das Wichtigste über die gängigen Abdichtungsmöglichkeiten auf einen Blick

	Polyethylen-(PE-) Folie	Bentonit-Vlies	Bentonit	Lehm	Stabilitkalk	Beton
Naturmaterial	nein	teilweise	ja	ja	teilweise	teilweise
Wurzelfestigkeit	ja	bedingt[1]	bedingt[1]	bedingt[1]	ja	ja
Verletzbarkeit der Abdichtung	gross[2]	gering	gering	gering	null	null
Arbeitsaufwand ohne Aushub	gering	gering	gross	gross	gross	gross
Erforderliche Fachkenntnisse	wenig	wenig	gross	gross	gross	gross
Maschinen nötig[3]	nein	nein	ja	ja	ja	ja
Erfahrung in Jahren, Stand 1997	30	10	18[4]	30–40	14[4]	Jahrzehnte

[1] Tiefwurzelnde Wasserpflanzen wie Seebinse, Schilf und Rohrkolben können eine Lehm- oder Bentonitschicht durchdringen. Sterben nach einigen Jahren Erdsprosse ab, entstehen an ihrer Stelle Hohlräume, durch die das Wasser entweicht. Ebenfalls können Wurzeln naher Gehölze durch die Abdichtung eindringen und dem Weiher Wasser entziehen. Das Bentonitvlies ist nur dann wurzelfest, wenn der Weiher mit einem einzigen Stück abgedichtet wird. Ist der Weiher zu gross, so dass es mehrere Stücke braucht, können an den Überlappungen Wurzeln eindringen.

[2] Spielende Kinder oder Pflegearbeiten mit spitzen Geräten können die Folie verletzen.

[3] Bei kleinen Weihern lohnt es sich oft nicht, Maschinen einzusetzen.

[4] Bentonit und Stabilitkalk werden im Tiefbau seit Jahrzehnten verwendet.

Wasser gefüllten Schlauch und legen ihn in den Weiher, wie in der Abbildung gezeigt.

Es gibt verschiedene Möglichkeiten, einen Weiher abzudichten. Ist der Boden stark lehmhaltig, erübrigt sich vielleicht künstliches Abdichten. Um dies festzustellen, graben wir ein Loch in der Tiefe des Weihers und füllen es mit Wasser. Versickert es im Verlauf von Wochen und auch nach einer längeren Trockenperiode nicht, ist ein Abdichten unnötig. Sicherheitshalber stampfen wir aber die oberen Randpartien fest.

Die im folgenden besprochenen Abdichtungsmaterialien sind kein Sondermüll. Trotzdem ist ein abschliessendes Urteil über die Umweltverträglichkeit nicht möglich, weil Angaben über den Energieaufwand bei der Herstellung und beim Transport der Materialien sowie über die Umweltbelastung bei der Herstellung fehlen. Je nach Grösse des Weihers, mechanischer Beanspruchung, Durchwurzelungsgefahr, der Möglichkeit, Baumaschinen einzusetzen und vorhandenen Geldmitteln eignet sich das eine oder andere Material besser. Abdichten mit Polyethylen-Folie ist am billigsten, teurer sind Bentonit-Vlies und Beton; Bentonit, Lehm und Stabilitkalk sind am teuersten.

Beton

Beton eignet sich zum Weiherbau, vorausgesetzt die Arbeiten werden fachgerecht und sorgfältig ausgeführt. In einem neuen Weiher ist das Wasser stark basisch. Es kann Jahre dauern, bis sich der pH-Wert in einem Bereich zwischen 8 und 9 einpendelt. Fische sterben bei hohen pH–Werten, Pflanzen und wirbellose Tiere sind weniger empfindlich. Alte Betonschwimmbecken können ohne weiteres zu Biotopen umgestaltet werden. Betonweiher können stark beansprucht werden, auch von spielenden Kindern.

Folien

Folien lassen sich leicht und rasch verlegen. Deshalb werden sie häufig verwendet, am häufigsten solche aus PVC (Polyvinylchlorid). PVC-Folien sind jedoch äusserst problematisch, und zwar aus folgenden Gründen:
- PVC wird aus dem hochexplosiven und zudem krebserregenden Vinylchlorid hergestellt.
- PVC enthält chemische Substanzen, sogenannte Weichmacher, die mit der Zeit austreten können. Die Folie wird spröde und ist nicht mehr wasserdicht. Sonnenlicht und Wärme beschleunigen diesen Vorgang. Um zu verhindern, dass der Weichmacher durch Bakterien abgebaut wird, enthalten PVC-Folien Pestizide.
- PVC enthält Chlor und schwermetallhaltige Verbindungen, zum Beispiel Cadmium. Dazu kommen noch andere chemische Stoffe. Diese Zusätze können mehr als die Hälfte des Gesamtgewichtes der Folie ausmachen. Wer-

179

den defekte Folien in der Müllverbrennungsanlage „entsorgt", entsteht unter anderem Salzsäure, die zusammen mit schwermetallhaltigen Verbindungen in die Luft gelangt.

Wir verzichten deshalb auf PVC-Folien.

Falls mit Folien abgedichtet werden soll, empfehlen wir Kunststofffolien aus Polyethylen (PE.), weil es weder Weichmacher noch toxische Stabilisatoren enthält. Nach Angaben der Hersteller enthält die Polyethylenfolie keine weiteren chemischen Substanzen. Die Folien sind wurzelfest, und Steilufer sind möglich.

Wie können wir als Laien PVC-Folien von PE-Folien unterscheiden? PE-Folien gehören zu den wenigen Folien, die im Wasser schwimmen. Wir werfen also ein Stück Folie ins Wasser. Versinkt es, besteht die Folie wahrscheinlich aus PVC, schwimmt es, besteht sie aus Polyethylen oder einer PE-ähnlichen Verbindung. Anstelle von PE-Folien können wir auch Kunststoffvliese verwenden, die Bentonit (Tonmineral) enthalten. Diese sind aber bedeutend schwerer, und es braucht mehrere Leute, um sie zu verlegen.

Die einzelnen Arbeitsschritte

1. Wir heben den Weiher 10 bis 20 cm tiefer aus als die gewünschte Tiefe und formen am Rand einen Absatz, 20 cm tief und 20 bis 30 cm breit. Nun messen wir den Weiher mit dem Meterband aus und achten darauf, beidseitig mindestens 20 cm als Reserve für den Rand beizugeben. Erst jetzt bestellen wir die Folie.

2. Vor dem Einlegen befreien wir den Weihergrund von scharfen, spitzen Gegenständen, die Löcher in die Folie stossen könnten. Die Folie kann auf Sand, Lehm oder Erde gelegt werden. Ein Gitter als Schutz vor Nagetieren unter die Folie zu legen ist überflüssig.

3. Nun legen wir die Folie ein und beschweren sie auf dem Absatz mit kopfgrossen Steinen. Dahinter ziehen wir die verbleibende Folie über den Rand hoch, um zu verhindern, dass der angrenzende Boden zuviel Wasser aufsaugt (Kapillarwirkung). Die herausragende Folie schneiden wir erst nach dem Füllen des Weihers weg. Sind die Ufer ungleich hoch geraten, gleichen wir mit zusätzlichem Material aus.

180

Legen wir einen mit Wasser gefüllten Schlauch in das Weiherloch, zeigt uns der Wasserspiegel, ob die Ufer überall gleich hoch sind.

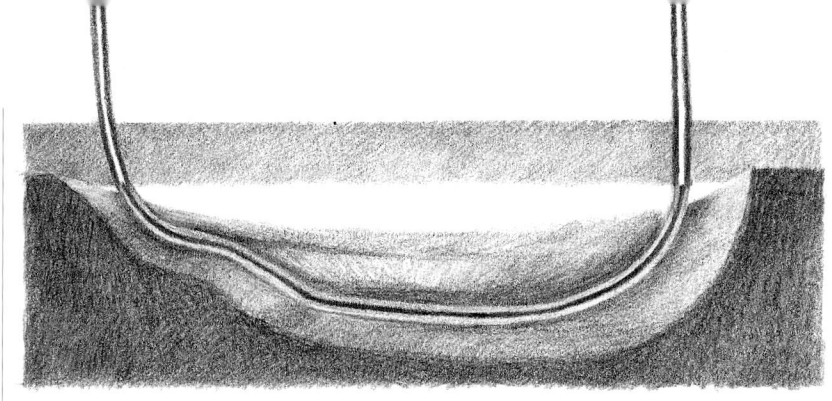

4. Damit der Weiher natürlich wirkt und Wasserpflanzen gedeihen können, bedecken wir die Folie mit Kies, Sand, Lehm oder humusarmem Aushubmaterial. Dunkler, nährstoffreicher Humus fördert das Wachstum von Algen und anderen Pflanzen und eignet sich daher schlecht. Die Schicht muss am Rand mindestens 10 cm dick sein. Wer in der Teichmitte keine Pflanzen haben will, bedeckt dort die Folie nur knapp. Soll der Weiher auch bespielt werden können, bedecken wir die Folie zum Schutz vor Verletzung mit einem Schutzmörtel oder einer 20 bis 30 cm dicken Schicht aus Wandkies oder grossen Kieselsteinen. Haben wir noch alte, beschädigte Folien, können wir diese als Schutz über die neue legen. Ist mit grosser Beanspruchung zu rechnen, eignen sich Stabilitkalk oder Beton besser.

5. Ist das Ufer steil oder treppenartig, bedecken wir die Folie mit aufeinandergeschichteten Steinen. Als Abschluss schütten wir mageres Material auf oder legen Steinplatten. Diese eignen sich ausgezeichnet als Beobachtungsplatz.

Teichabdichtung mit Folie.
1 Am hinteren Rande des Absatzes ziehen wir die Folie senkrecht nach oben als Kapillarsperre.
2 Als nächstes bedecken wir den Absatz mit einer dünnen Schicht Aushubmaterial.
3 Wir legen auf den Absatz kopfgrosse Kiesel, die das Abrutschen des Materials verhindern.
4 Anschließend bedecken wir die Kiesel des Randbereiches und die übrige Folie mit Aushubmaterial, ungereinigtem Kies, Sand oder Lehm.

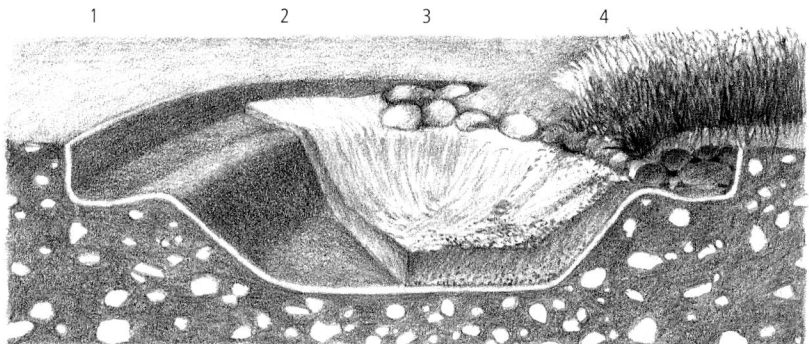

Lehm

Lehm ist ein Naturmaterial, das in vielen Gegenden vorkommt. Es besteht aus einem Gemisch von Ton und Sand. Zum Abdichten von Weihern eignet sich Lehm nur, wenn er genügend Ton enthält. Ein Lehmweiher kann bepflanzt werden. Doch können tiefwurzelnde Pflanzen wie Schilf, Rohrkolben und Seebinsen sogar eine 40 cm dicke Lehmschicht durchwachsen. Sterben nach Jahren die Erdsprosse ab, fliesst das Wasser durch die entstandenen Hohlräume ab. Bei einem Weiher in einer Schulanlage ist dies nach ungefähr zehn Jahren geschehen. Wollen wir dies verhindern, legen wir auf die Lehmschicht ein Geo-Vlies (dichtes Kunststoffgewebe). Da Lehmweiher maschinell abgedichtet werden müssen, raten wir, eine Fachperson hinzuzuziehen.

Die einzelnen Arbeitsschritte

1. Wir heben den Weiher 60 cm tiefer aus als die gewünschte Tiefe und verdichten bereits den Weihergrund mit einer entsprechenden Baumaschine.
2. Wir bauen drei Schichten Lehm von je 15 cm Dicke auf den Weihergrund ein und verdichten jedesmal sehr sorgfältig maschinell (zum Beispiel mit einem Grabenstampfer). Stampfen von Hand genügt nicht. Anstelle von Grubenlehm können auch drei Schichten Lehmziegel, je 7 cm dick, oder ungebrannte Backsteine eingearbeitet werden, und zwar immer in erdfeuchtem Zustand. Daher muss rasch gearbeitet werden.
3. Die letzte Lehmschicht decken wir mit einer 10 bis 20 cm dicken Schicht Wandkies oder lehmhaltigem Aushubmaterial ab. Diese Abdeckung hält die Lehmschicht feucht, so dass sie keine Risse bekommt, wenn bei trockenem Wetter der Wasserspiegel sinkt.
4. Wir füllen den Weiher sogleich mit Leitungswasser, damit der Lehm nicht austrocknet und Risse bekommt.
5. Damit das angrenzende Erdreich dem Weiher in Trockenzeiten kein Wasser entzieht, legen wir am äusseren Rand rund um den Weiher eine 15 cm tiefe und 20 cm breite Kiesschicht als Kapillarsperre an. Wir verwenden dazu Rundkies (gleich grosse Kiesel von mindestens 16 mm Durchmesser).

Bentonit

In Kiesgruben fallen uns oft Pfützen und Tümpel auf. Vielleicht wundern wir uns darüber, ist doch Kies ein durchlässiges Material. Wieso versickert das Wasser nicht? Von den steilen Wänden spült der Regen feines Material herunter. Dieses sammelt sich in Senkungen an, dringt dort in den Boden, quillt auf und dichtet den Boden mit der Zeit ab. Auf diesem Prinzip beruht das Abdichten mit Bentonit.

Bentonite sind stark quellende Tonminerale. Im Tiefbau wird dieses Material schon seit längerer Zeit eingesetzt, um Baugruben abzudichten, im Gartenbau erst seit kurzer Zeit. Daher ist es im Gartenfachhandel noch nicht überall erhältlich. Es kann jedoch auch von Tiefbaugeschäften bezogen werden. Für den Weiherbau eignen sich nur Na-Bentonite. Ca-Bentonite sind zu wenig quellfähig. Mit Bentonit können keine Steilwände abgedichtet werden. Es eignet sich jedoch für alle Böden, vorausgesetzt wir vermischen es ausserhalb des Weihers mit lehmigem Strassenkies oder Betonkies und arbeiten das Gemisch in den Weiher ein. Lehmiger Strassenkies (oder Betonkies) enthält Ton, Sand und gebrochene oder runde Steine bis zu einer Grösse von ungefähr 30 mm. Kiesgrubenwerke liefern dieses Material. Kiesiges Material mit wenig Feinanteilen, sogenanntes Überlaufmaterial, eignet sich nicht. Je Kubikmeter Betonkies braucht es 100 bis 200 kg Bentonit (zwei bis vier Säcke zu 50 kg). 100 kg Bentonit reichen somit für 5 bis 10 Quadratmeter Weiherfläche. Wenn das Aushubmaterial keinen Humus enthält, kann es an Stelle von Betonkies verwendet werden. Bodenmaterial zu beurteilen ist recht schwierig. Wir überlassen dies einer Fachperson.

Da Bentonit ein natürliches Material ist, kann der Weiher bepflanzt werden. Tiefwurzelnde Pflanzen wie Schilf, Rohrkolben und Seebinse können auch eine sehr dicke Abdichtungsschicht durchwachsen. Sterben die Erdsprosse ab, kann das Wasser durch die entstehenden Hohlräume abfliessen.

Die einzelnen Arbeitsschritte

1. Wir heben den Weiher 40 cm tiefer als die gewünschte Tiefe aus.

2. Wir dichten grundsätzlich bei trockenem Wetter ab.
3. Wir vermischen Betonkies mit Bentonit im Verhältnis 5:1 (fünf Schubkarren Betonkies und eine Schubkarre Bentonit) und durchmischen es mit dem Kräuel (Krail) gründlich und in erdfeuchtem Zustand (wenn zu trocken, Wasser zugeben) und schaufeln es noch am gleichen Tag in den Weiher. Der Weiherboden soll mit einer 10 cm dicken Schicht dieser Mischung bedeckt und mit einem Handstampfer (Betonstampfer) oder maschinell mit einem Grabenstampfer verdichtet werden. Intensives Verdichten ist sehr wichtig.
4. Anschliessend arbeiten wir eine weitere Schicht von 10 cm ein und verdichten ein weiteres Mal sehr sorgfältig.
5. Den verdichteten Weiherboden bedecken wir noch am selben Tag mit 10 cm Sand, ungereinigtem Kies oder magerem Aushubmaterial. Diese Abdeckung sorgt dafür, dass die Bentonitschicht feucht bleibt und keine Risse bekommt, wenn bei trockenem Wetter der Wasserspiegel sinkt.
6. Damit das angrenzende Erdreich dem Weiher in Trokkenzeiten kein Wasser entzieht, legen wir am äusseren Rand rund um den Weiher eine 15 cm tiefe und 20 cm breite Kiesschicht als Kapillarsperre an. Wir verwenden dazu Rundkies (gleich grosse Kiesel von mindestens 16 mm Durchmesser).
7. Wir füllen anschliessend den Weiher mit Wasser. Sobald das Bentonit mit Wasser in Berührung kommt, quillt es und die Poren des Bodenmaterials schliessen sich innerhalb von 24 Stunden. Bereits am zweiten Tag ist das Wasser klar.

Kleine Weiher können ohne Maschinen und von geübten Laien abgedichtet werden.

Stabilitkalk

Diese Abdichtungsmethode wird seit über dreissig Jahren im Strassenbau und zur Sicherung von Heizöllagern angewendet, seit mehr als zehn Jahren wird sie auch zum Abdichten von Weihern eingesetzt.

Gebrannter Kalk (ungelöschter Kalk) ist unter der Bezeichnung „Stabilitkalk" im Handel. Da Stabilitkalk stark ätzt und es Fingerspitzengefühl braucht, Erde und Stabilitkalk im richtigen Verhältnis zu mischen, raten wir, Fachleute heranzuziehen. Im Vergleich mit anderen Methoden ist Kalkstabilisieren arbeitsaufwendig, hat jedoch den grossen Vorteil, dass so abgedichtete Weiher auch eine grosse Beanspruchung (Betreten, Herumstochern mit spitzen Gegenständen usw.) ertragen. Stabilitkalk eignet sich besonders für grosse Weiher, auch für solche, die als Spielweiher gedacht sind. Senkrechte Ufer können mit dieser Methode nicht abgedichtet werden. Dafür ist die Abdichtung wurzelfest.

Nach dem Auffüllen ist das Wasser einige Monate lang stark basisch, bis sich der Säuregrad bei einem pH-Wert von 7 bis 8,5 eingependelt hat. Fische sterben bei hohen pH-Werten. Pflanzen und wirbellose Tiere sind weniger empfindlich.

Die einzelnen Arbeitsschritte

1. Wir heben den Weiher ungefähr 50 cm tiefer als die gewünschte Tiefe aus.
2. Wir verdichten den Weihergrund mit einem Vibrationsstampfer oder einer Vibrationswalze.
3. Wir vermischen gebrannten oder ungelöschten Kalk (Kalziumoxid) ausserhalb des Weihers mit lehmhaltigem angefeuchtetem Material und walzen es auf dem Weihergrund in drei Schichten zu je 12 cm ein (Vorsicht! Gebrannter Kalk ätzt). Jede Schicht muss zweimal verdichtet werden (längs und quer). Der ungelöschte Kalk (CaO) entzieht dem lehmhaltigen Material Wasser und verbindet sich mit Kohlendioxid zu unlöslichem Kalziumkarbonat ($CaCO_3$). Es entsteht wasserdichter „Naturbeton".
4. Wir bedecken die Dichtungsschicht mit einer ungefähr 10 cm dicken Schicht aus Kies, Sand, Lehm oder magerem Aushubmaterial.
5. Damit das angrenzende Erdreich dem Weiher in Trockenzeiten kein Wasser entzieht, legen wir am äusseren Rand rund um den Weiher eine 15 cm tiefe und 20 cm breite Kiesschicht als Kapillarsperre an. Wir verwenden dazu Rundkies (gleich grosse Kiesel von mindestens 16 mm Durchmesser).
6. Wir lassen Wasser einlaufen.

185

Pflege und Unterhalt

Wasserspeisung

Viele natürliche Weiher werden nur durch Regenwasser gespeist und besitzen keinen Überlauf. Dies hat sich auch in Gärten vielfach bewährt. Auch bei stärksten Regenfällen versickert das Wasser bei übervollem Weiher problemlos im angrenzenden Grünland. Andererseits schadet es nichts, wenn der Wasserspiegel bei trockenem Wetter sinkt, vorausgesetzt der Weiher trocknet nicht vollständig aus. Den neuangelegten Weiher lassen wir entweder vollregnen oder füllen ihn mit Leitungswasser. Oft wird vor letzterem gewarnt. Wir haben jedoch schon manchen Weiher ohne nachteilige Folgen damit gefüllt. Hingegen ist Einleiten von Dachwasser aus der Dachtraufe fragwürdig, weil damit Rückstände von Ölheizungen oder Verschmutzungen aus der Luft in grösseren Mengen in den Weiher gelangen können.

Leiten wir Wasser aus einem Bach in den Weiher, erhält er einen besonderen Charakter. Allerdings kann er durch den ständigen Zufluss überdüngt werden. Zusätzlich muss eine Einrichtung angebracht werden, die das Eindringen von Fischen verhindert. Meist enthält ein Weiher ohne ständigen Zufluss mehr wirbellose Tierarten. Jedoch kann ein Weiher mit kühlerem Wasser und entsprechend anderen Tierarten ökologisch genauso wertvoll sein.

Bei neuangelegten Weihern ist das Wasser häufig trüb, braun oder grün. Dies kann von aufgewühlten Schwebeteilchen oder von kleinen Organismen herrühren, zum Beispiel von Geisseltierchen, die sich übermässig vermehrt haben. Meist bricht diese Entwicklung nach Tagen oder Wochen zusammen, und das Wasser wird klar.

Schütten wir einige Liter Wasser mit Schlamm aus bestehenden Naturweihern hinein, spielt sich das Gleichgewicht rascher ein.

Auch später kann das Wasser plötzlich trüb werden. Kein Grund zur Beunruhigung, wir lassen den Dingen ihren Lauf. Nach einiger Zeit verschwindet die Trübung von selbst. Im Frühling tauchen hie und da Stockenten auf, gründeln auf dem Weiher und trüben das Wasser ebenfalls. Das schadet dem Weiher nicht, weil sich die Enten nur zeitweise auf dem Weiher aufhalten und spätestens im Frühsommer wieder verschwinden. Halten wir hingegen dauernd Enten, bleibt das Wasser trüb; der Weiher wird durch den Kot stark überdüngt und verliert seine Reichhaltigkeit.

Algen

Oft entwickeln sich wattenartige Algen. Obwohl es einheimische Pflanzen sind und das Leben im Weiher nicht beeinträchtigen, stören sie oft Weiherbesitzer. Wir bekämpfen sie weder mit chemischen noch mineralischen Mitteln, sondern fischen sie heraus, jedoch nur in den Monaten November bis Februar. Dann ist die Wahrscheinlichkeit am geringsten, dass wir dabei auch Amphibienlarven erwischen. Wir haben oft erfahren, dass wattenartige Algen nach etwa ein bis drei Jahren verschwinden, wenn sich im Weiher Unterwasserpflanzen wie Tausendblatt, Hornkraut und andere ausbreiten. Diese entziehen dem Wasser Nährstoffe, so dass die Algen langsam verschwinden. Auch der Weiher ist ein Lebensraum mit eigenen Gesetzen, und es braucht oft Geduld und Überwindung, nicht einzugreifen, wenn uns ein gewisser Zustand nicht gefällt.

Was tun, wenn der Weiher rinnt?

Oft lässt sich schwer abschätzen, ob der Weiher rinnt. Folgende Ursachen können zu grossem Wasserverlust führen:
Verdunstung. Ist der Weiher stark bewachsen, verdunsten die Pflanzen bei trockenem Wetter sehr viel Wasser. Wir erkennen dies daran, dass der Weiher kein Wasser mehr verliert, sobald die Pflanzen verdorrt sind.
Ein Weiher ohne hohe, dichte Wasserpflanzen verlor im Sommer sehr viel Wasser und musste alle zwei bis drei Wochen aufgefüllt werden. Im Winterhalbjahr veränderte sich der Wasserspiegel nicht. Die Folie war also dicht. Später stellte sich heraus, dass Bäume ihre Wurzeln über den Weiherrand in das Wasser streckten und dort in der trockenen Jahreszeit ihren zusätzlichen Wasserbedarf deckten. Da uns

187

an diesem Standort Gehölze wichtig sind, liessen wir die Wurzeln und füllen den Weiher im Sommer regelmässig auf.

Kapillarwirkung. Ist das angrenzende Erdreich mit dem Weiher verbunden, so entzieht es bei trockenem Wetter sehr viel Wasser. Wenn wir den Weiher mit Folie abdichten, stellen wir daher die Folie am Rand senkrecht (siehe Abschnitt „Abdichten mit Folie"). Bei andern Abdichtungsmethoden (Stabilitkalk, Bentonit, Lehm) legen wir einen 20 cm tiefen und 10 cm breiten Gürtel von Betonkies an.

Der Weiher rinnt. Eine schadhafte Folie lässt sie sich flikken. Der Wasserspiegel zeigt die Höhe des Leckes. Wir schöpfen noch Wasser heraus, legen die Folie frei und reinigen sie. Nun suchen wir das Loch, was sehr mühsam sein kann. Zum Flicken verwenden wir ein Spezialschweissgerät, das wir von einem Gärtner oder Dachdecker ausleihen. Wenn wir das Gerät abholen, lassen wir uns seine Bedienung erklären. Oft ist es jedoch besser, den Schaden von einer Fachperson beheben zu lassen, die auch beurteilen kann, ob sich die Reparatur lohnt. PVC-Folien werden mit dem Alter brüchig, da der Weichmacher langsam entweicht, so dass eine Reparatur nicht sinnvoll ist.

Bei Weihern, die mit Stabilitkalk, Bentonit oder Lehm abgedichtet worden sind, muss die Deckschicht entfernt, der Weiher also ausgeräumt und eine weitere Schicht des Dichtungsmittels eingearbeitet werden.

Bepflanzung

Wasserpflanzen, die der Fachhandel anbietet, sind oft weiter gezüchtete Arten oder nicht einheimisch. Deshalb kaufen wir nur bei Gärtnereien ein, die sich auf einheimische Stauden spezialisiert haben. Wir können jedoch auch wenige Exemplare einer Art aus bestehenden Gartenteichen oder Naturweihern holen, zum Beispiel in Kiesgruben, wo Pflanzen ohnehin dem Bagger zum Opfer fallen werden. Wir bepflanzen den Weiher sparsam, weil Wasserpflanzen meist sehr rasch wachsen.

Wenn wir Pflanzen ausgraben, achten wir darauf, in welcher Wassertiefe sie wachsen, und setzen sie im Weiher an eine

Blutweiderich zwischen Rossminze.

Einheimische Wasserpflanzen – faszinierende Vielfalt.

ähnliche Stelle. Feuchte Uferzonen sind dankbare Standorte für farbenprächtige Sumpfpflanzen wie Blutweiderich und Gelbe Schwertlilie.

Nicht alle Pflanzen eignen sich:

- Grosse Seggen – zu erkennen am dreikantigen Stengel – und Schilf wuchern stark, und es ist schwierig, sie auszureissen. Hüten wir uns also davor.
- Weisse Seerose und Teichrose gehören nur in sehr grosse Weiher. Sie kommen natürlicherweise in kleinen Teichen gar nicht vor, weil sie eine grosse Fläche und entsprechende Wassertiefe benötigen, um sich zu entfalten.
- Die Wasserlinse – eine einheimische Pflanze, von der es mehrere Arten gibt – vermehrt sich rasch und bedeckt nach wenigen Wochen die Wasseroberfläche, falls das Wasser nährstoffreich ist. Liegt der Weiher an der Sonne und hat es Unterwasserpflanzen wie Hornblatt, Tausendblatt und andere, wird die Wasserlinse sich nicht stark ausbreiten.

189

Seggen, Schilf,
Rohrkolben und
Seebinsen.

Sumpf- und Wasserpflanzen

	Wassertiefe in cm	Blütezeit (in Monaten 1–12)
Sumpfdotterblume, *Caltha palustris*	0	3–5
Bachnelkwurz, *Geum rivale*	0	4–7
Spierstaude (Mädesüss), *Filipendula ulmaria*	0	6–8
Gewöhnlicher Weiderich, *Lythrum salicaria*	0	7–8
Gewöhnlicher Gilbweiderich, *Lysimachia vulgaris*	0	6–8
Wasserminze, *Mentha aquatica*	0	7–10
Bachbungen-Ehrenpreis, *Veronica beccabunga*	0–10	5–8
Ästiger Igelkolben, *Sparganium erectum*	0–20	6–8
Gelbe Schwertlilie, *Iris pseudacorus*	0–20	6
Pfeilblättriges Pfeilkraut, *Sagittaria sagittifolia*	0–30	6–8
Froschlöffel, *Alisma plantago-aquatica*	0–30	6–8
Tannenwedel, *Hippuris vulgaris*	10–50	5–8
Wasserknöterich, *Polygonum amphibuum*	20–60	6–9
Breitblättriger Rohrkolben, *Typha latifolia*	5–80	6–7
Ähriges Tausenblatt, *Myriophyllum spicatum*	10–100	6–9
Rauhes Hornblatt, *Ceratophyllum demersum*	20–100	6–8
Seebinse, *Scirpus lacustris*	20–100	6–7
Weisse Seerose, *Nymphaea alba*	30–120	6–8
Schwimmendes Laichkraut, *Potamogeton natans*	20–150	7–8
Gelbe Teichrose, *Nuphar lutea*	40–200	6–8

Wenn wir verhindern wollen, dass der Weiher verlandet, reissen wir je nach Grösse des Teiches alle zwei bis vier Jahre einen Teil der Pflanzen samt Wurzeln aus. Halten wir eine seichte Uferstelle pflanzenfrei, trinken und baden dort täglich Vögel, sogar im Winter. Eine ungefähr 1 m breite An- und Wegflugschneise macht den Teich auch zur „Fledermaus-Trinkstelle". Übrigens kann auch ein Weiher ohne Wasserpflanzen ein wertvoller Lebensraum sein.

Entweder lassen wir den Weiher auf natürliche Weise – also ohne unser Zutun – besiedeln, was je nach Lage lange dauern kann, oder wir giessen einige Liter Wasser mit etwas Schlamm aus einem bestehenden Weiher hinein. So ent wickelt sich in wenigen Monaten ein reiches Leben, unter anderem mit vielen Räubern, die Stechmücken jagen.

<u>Literatur zum Thema:</u> Tobler und Fleischer 1997

Schwimmteiche

Ein kleiner natürlicher See im Garten, ohne Chlor und andere Chemikalien, um hineinzutauchen, zu schwimmen, das wär's! Dieser Wunsch kann erfüllt werden, denn seit über zehn Jahren werden „Mini-Seen" – Schwimmteiche – in Privatgärten und in öffentlichen Anlagen gebaut, und zwar im gesamten deutschen Sprachraum. Das Prinzip ist immer dasselbe: Es handelt sich um einen Teich, der einen tiefen unbepflanzten Teil enthält, der als Schwimmbecken dient, und einen bepflanzten Biotopteil, der mindestens die Hälfte des Teiches ausmacht. Wasserpflanzen, Kleinstorganismen, wirbellose Tiere, oft sogar Amphibien bilden eine vielfältige Lebensgemeinschaft, die mit ihren Kreisläufen für eine gute Wasserqualität sorgt. Chemikalien und Umwälzpumpen sind nicht nötig.

Ein Schwimmteich als öffentliches Bad

Dass dies möglich ist, zeigt das Beispiel der steirischen Marktgemeinde Unzmarkt-Frauenburg, wo 1992 ein Naturschwimmbad mit einer Fläche von 1300 m^2 in Betrieb genommen worden ist. Der Schwimmbereich umfasst 550 m², der Regenerationsbereich mit Wasserpflanzen 750 m². Der Teich ist mit einer Folie abgedichtet, die im Schwimmbereich mit Kies, im Regenerationsbereich mit sandigem Lehm bedeckt worden ist. Ein künstlich angelegter Bachlauf versorgt den Teich mit Frischwasser. Im Frühjahr wird Schlamm abgesogen und das Wasser ausgewechselt. Zudem werden regelmässig Algen herausgefischt. So bleibt die Wasserqualität erhalten. Obwohl die Gemeinde 750 m ü.M. liegt, wird das Wasser im Sommer sehr warm. Bau und Unterhalt sind viel billiger als bei einem Betonschwimmbecken.

Vorteile gegenüber einem konventionellen Schwimmbecken (nach Kumpfmüller und Eder 1993)

- Geringere Umweltbelastung, weil weniger Beton, keine Chemikalien und kein Energiebedarf im Betrieb (keine Umwälzpumpe).
- Hoher ökologischer Wert, weil Lebensraum für viele Pflanzen und Tiere.
- Geringere Bau- und Betriebskosten (Schlamm absaugen, Pflanzen jäten).
- Längere Badesaison, weil das Wasser im Biotopbereich vorgewärmt wird.
- Keine Allergien beim Baden, weil keine Chemikalien eingesetzt werden.
- Mehrfachnutzung – nicht nur Baden, sondern auch Biotop. Natur pur kann erfahren werden.
- Hoher ästhetischer Wert

Nachteile
- Ein Schwimmteich kann nicht von der Stange gekauft werden. Individuelle Lösungen sind nötig.
- Auf synthetische Dichtungsmaterialien kann nur in Sonderfällen verzichtet werden (zu empfehlen: Polyethylenfolien).
- Das Wasser ist nie glasklar, weil Kleinstlebewesen und Schwebestoffe es meist etwas trüben.

Literatur zum Thema: Dobler 1997, Kumpfmüller und Eder 1993, Neuenschwander 1993

Wege und Plätze

Im Siedlungsraum werden Jahr für Jahr grosse Flächen zubetoniert, asphaltiert, versiegelt. Die Folgen sind oft katastrophal: Wenn es regnet, sind Kanalisation und Kläranlagen rasch überlastet, Wasser fliesst ungeklärt in Bäche und Flüsse, die bald über die Ufer treten. Es ist daher ein Muss, Wege und Plätze mit Naturmaterial oder durchlässigen Bauelementen zu verfestigen. So versickert Wasser langsam in den Boden statt in die Kanalisation und reichert gleichzeitig das Grundwasser an.

Wege und Plätze aus Naturmaterial können zu Lebensräumen werden. Je nachdem, ob sie wenig oder stark begangen werden, stellen sich mehr oder weniger Pflanzen ein, und es bilden sich Nischen für Insekten.

Wege verbinden einzelne Lebensräume, machen den Garten auch bei ungünstiger Witterung begehbar und sind gleichzeitig Gestaltungselemente. Je nach Benützungsart eignen sich andere Materialien und Bauweisen.

Rasenwege. Wir mähen mit dem Handrasenmäher alle ein bis zwei Wochen etwa 1 m breite Wege, die reizvoll, billig und wasserdurchlässig sind und deren Verlauf sich jederzeit ändern und neuen Bedürfnissen anpassen lässt.

Die folgenden Möglichkeiten verlangen Fachwissen, und Maschinen sind nötig.

Schotterrasen. Auf eine 30 bis 40 cm dicke Kiesunterlage wird eine ungefähr 15 cm dicke Wachstumsschicht aus einem Humus-und Schottergemisch oder aus Kiessand eingebaut und mit einer 3 cm dicken Splittschicht abgedeckt. Darauf wird eine Magerwiesenmischung angesät. Schotterrasen ist gut wasserdurchlässig, stark befahr- und belastbar. Je nach Benützung wachsen mehr oder weniger Pflanzen.

193

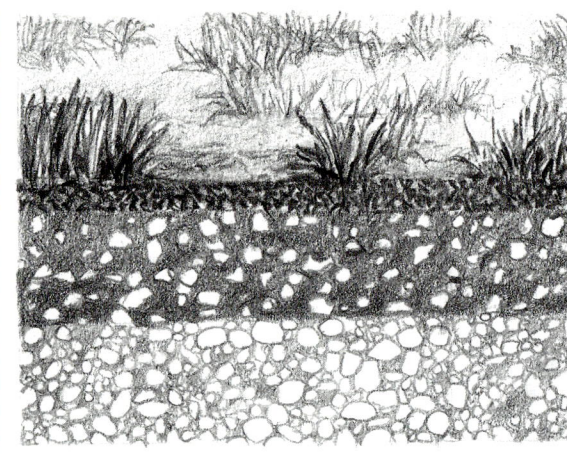

Deckschicht: 3 cm Splitt

Wachstumsschicht:
10 bis 15 cm Schotter
und Erde

Fundationsschicht:
30 bis 40 cm Kies

Aufbau des Schotterrasens.

Rasengittersteine. Auf eine Kiesschicht folgt eine 5 cm dicke Sandschicht. Die Gittersteine aus Beton werden in den Sand eingefügt und die Lücken mit Sand, Splitt oder Erde gefüllt. Ein solcher Belag ist gut belastbar, wasserdurchlässig, aber verhältnismässig teuer. Dafür braucht er wenig Pflege.

Natursteinbelag. Natursteinpflaster sind stark belastbar, reizvoll, aber teuer. Breite, nicht mit Zement verfestigte Fugen sind genügend wasserdurchlässig.

Mergel ist eine Mischung aus Bruchsteinen, Ton und Sand. Er taugt für Wege und Plätze, auch für solche, die stark belastet werden wie Garagen-Einfahrten. Es braucht einen festen Untergrund aus Recycling-Bauschutt oder aus Bruchsteinen. Auf häufig befahrenen und begangenen Mergelwegen wächst kaum ein Kraut. Auf einem wenig begangenen Weg oder Platz spriesst bald eine bunte Pracht, sogar Natterkopf. Mergel ist weniger wasserdurchlässig als Schotterrasen und Rasengittersteine.

Kieswege. Zu alten Gartenanlagen gehören Kieswege aus kleinkörnigem Rundkies. Die Unterlage besteht meistens aus Mergel mit einem festen Untergrund aus Recycling-Bauschutt oder aus Bruchsteinen. Wenn Kieswege nicht häufig begangen werden, spriessen Pflanzen darauf. Oft entwickeln sie sich zu einem farbigen Magerstandort.

Literatur zum Thema: Leutert 1995, Winkler 1989

194

Schotterrasen
ermöglicht einen
naturnah gestalte-
ten Parkplatz, der
Regenwasser ver-
sickern lässt.

Dank Rasengitter-
steinen anstelle
von Asphalt bleibt
die Grünfläche er-
halten.

195

Trockenmauern

Trockenmauern gehören seit alters in die Kulturlandschaft. Wir treffen sie in ganz Europa als Abgrenzung von Feldern, entlang alter Wege und Saumpfade, in Rebbergen zur Terrassierung usw. Oft sind sie Jahrhunderte alt, und aus den Lücken zwischen den Steinen spriessen Mauerpfeffer, Streifenfarn und andere Wärme und Trockenheit liebende Pflanzen. Eidechsen entwischen in die Mauerritzen, die unzählige Kleintiere beherbergen. Mauereidechsen und Blindschleichen verkriechen sich in Ritzen und Mauerlöcher, Bachstelzen, Tannenmeisen und andere Vögel bauen ihr Nest darin, und zahlreiche Insekten sonnen sich im Frühling und Herbst auf den warmen Steinen und verbringen den Winter in den Ritzen. Die Raupen einiger Schmetterlingsarten wählen Wände und Nischen, um sich zu verpuppen. Mauer-, Mörtel- und Pelzbienen sowie Lehm- und Pillenwespen bauen ihr Nest an den Steinen. Trockenmauern sind also äusserst wertvolle Biotope, für einen naturnahen Garten wie geschaffen. Liegt dieser an einem Abhang, nutzen wir die Trockenmauer, um zu terrassieren, verschiedene Ebenen zu schaffen, die den Garten vielfältiger und reizvoller machen. Möchten wir einen besonders wohnlichen Sitzplatz, vertiefen wir ihn und bauen „den Wänden" entlang eine Trockenmauer. Bauen wir sie gestuft, ergibt sich zusätzlich eine Sitzbank.

Trockenmauern bestehen aus sorgfältig aufeinander geschichteten unbehauenen Steinen und werden ohne Mörtel oder Zement gebaut. Sie haben von Land zu Land, ja von Gegend zu Gegend einen anderen Charakter, denn im traditionellen Mauerbau werden immer jene Steine verwendet, die die Natur anbietet: in der Region anstehende Gesteinsarten mit unterschiedlich geformten Steinen – von kleinen

196

Die Trockenmauer, dieses alte Gestaltungselement der Kulturlandschaft, eignet sich vorzüglich zum Terrassieren des Gartens.

Wichtig für die Stabilität von Trockenmauern: leichte Neigung nach innen, Fundament und Hinterfüllung aus Kies oder Schotter und versetzte Fugen.

197

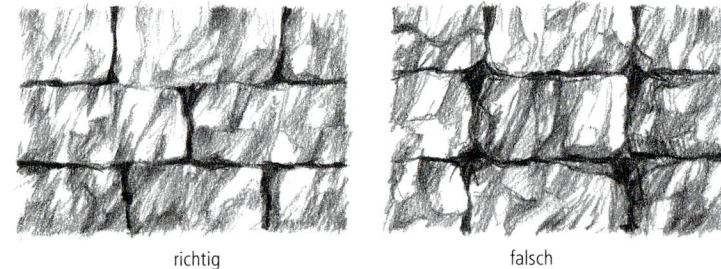

richig   falsch

Richtig: Versetzte Fugen gewährleisten Stabilität. Falsch: Durchlaufende Fugen bedeuten mangelnde Stabilität.

plattenförmigen Bruchsteinen bis zu grossen runden Kieselsteinen. Moderne Trockenmauern können auch aus Bauschutt (Recycling) errichtet werden, was wesentlicher billiger ist, weil das Material nur einen Viertel der Natursteine kostet. Wenn wir uns für eine Trockenmauer entscheiden, achten wir darauf, Steine oder Bauschutt aus der Umgebung zu kaufen, um Energie und Transportkosten zu sparen.

Bis zu einem Meter hohe Mauern, die keine Stützfunktion haben, können auch von Laien gebaut werden. Allerdings braucht es Geschick, Zeit und Geduld. Vielleicht entdeckt die eine oder der andere dabei, wie faszinierend es ist, mit Steinen zu arbeiten. Wer die Bautechnik genau lernen möchte, belege einen Kurs im Trockenmauerbau. Natur- und Landschaftsschutzorganisationen bieten solche Kurse an.

Bauschutt läßt sich fantasievoll wiederverwenden.

Bauanleitung

Wenn wir die Steine auswählen, bedenken wir, dass sich mit plattenförmigen Steinen leichter bauen lässt. Grosse Steine erhöhen die Stabilität, machen das Bauen aber mühsam, weil sie schwer sind.

1. Über 50 cm hohe Mauern und solche mit Stützfunktion benötigen ein Fundament aus einer 20 cm tiefen Kies- oder Schotterschicht. Bei niedrigen Mauern bis 50 cm und ohne Stützfunktion können wir darauf verzichten.

2. Wir schichten die Steine mit einer Neigung von 5 bis 10 Prozent nach innen auf.

3. Wir setzen die Steine so, dass jeder seine beiden Nachbarn berührt. Wir suchen also aus dem Steinvorrat jenen mit der entsprechenden Form aus. Oft müssen wir mehrmals probieren, bis ein Exemplar wirklich passt. Mit der Zeit schärft sich jedoch unser Blick für den richtigen Stein.

4. Wir setzen die Steine versetzt, so dass keine über mehrere Schichten durchlaufenden Stossfugen entstehen.

5. Wenn wir einen Stein gesetzt haben, prüfen wir sofort, ob er sitzt. Ist dies nicht der Fall, verkeilen wir ihn mit Steinsplittern. Lücken dürfen nicht mit Sand, feinem Kies oder Erde gefüllt werden, weil solches Material leicht ausgeschwemmt wird und die Mauer dann wackelig wird. Im übrigen sind kleine Lücken ja erwünscht, weil sie Unterschlupf für Tiere bedeuten.

6. Wenn wir über plattenförmige Steine verfügen, setzen wir sie immer so, dass die Oberfläche waagrecht liegt. Fällt sie nach aussen, ist es schwierig, die Steine richtig zu setzen.

7. Beim Bauen einer Stützmauer hinterfüllen wir ständig mit kiesigem oder steinigem Material, damit Oberflächenwasser gut abfliessen kann. Wir verwenden nie Humus, weil dieser bei Frost sein Volumen vergrössert und die Mauer nach vorne drücken kann.

8. Je mehr Lücken die Mauer aufweist, desto mehr Unterschlupf für Tiere, desto länger dauert es, bis sich Pflanzen ansiedeln.

Literatur zum Thema: Tufnell 1996, Winkler 1989

Sitzgelegenheiten aus Naturmaterial

Der elfjährige Sitzplatz für heisse Tage befindet sich an der Nordseite des Hauses unter dem schützenden Dach von Gehölzen.

Zu den Reizen eines Gartens gehört ein Sitzplatz: ein windgeschütztes Plätzchen, abgeschirmt von fremden Blicken, das an sonnigen Frühlingstagen zum Kaffee im Freien lockt und wo wir auch gerne die letzten milden Herbsttage geniessen.

Ob in Privatgärten oder öffentlichen Anlagen, Sitzplätze haben eines gemeinsam: die Benutzerinnen und Benutzer sollen sich darin wohl und geborgen fühlen. Dies ist dann der Fall, wenn wir Räume schaffen mit Wänden aus lebenden Pflanzen, hohen Stauden oder Sträuchern; aus Elementen wie Graswall, Erdwall, Trockenmäuerchen oder Astwall. Räume entstehen aber auch, wenn wir den Sitzplatz in einer Vertiefung anlegen.

Gartenmöbel aus Rasenziegeln

Elemente aus Erde und Rasenziegeln wie Rasenbank und Graswall faszinieren, weil sie aus Naturmaterial gebaut werden, das in Gärten vorhanden ist. Wir können damit verschiedenste Formen, auch mit geschwungenen Linien, modellieren. Sich dieser Elemente zu bedienen ist nicht schwierig und braucht weder besondere Fachkenntnisse noch Maschinen.

Sowohl die Rasenbank als auch der Graswall eignen sich nur für sehr sonnige Standorte. Im Schatten gedeiht Gras schlecht, Moos nimmt überhand. Somit fehlt das festigende Wurzelwerk, und das Element zerfällt. Rasenbank und Graswall müssen zwei- bis viermal im Jahr geschnitten werden. Beide Elemente eignen sich eher für den Privatgarten als für eine öffentliche Anlage, weil dort die Pflege meist nicht gewährlcistct ist und spielende Kinder sie zu stark beanspruchen und belasten.

Rasenbank

Albertus Magnus (1193–1280) beschreibt sie, auf Bildern alter Meister sitzt Maria im Paradiesgärtlein darauf. Holen wir das klassische Gartenmöbel „Rasenbank" in unseren Garten!

Ausführung: Nehmen wir an, wir haben soeben einen Weiher ausgehoben und wissen nicht, wohin mit dem Aushubmaterial. Kein Problem! Wir greifen zur Schaufel und schichten die feuchte Erde auf einen Haufen und formen die Bank mit einem Spaten, indem wir herausragende Erdbrocken abstechen. Ob wir die Bank rechteckig, halbmondförmig oder gar rund gestalten, hängt von den Gegebenheiten im Garten ab. Scheuen wir uns nicht, eine ausgefallene Form zu wählen.

Sobald Form und Sitzhöhe stimmen, legen wir eine Schicht Rasenziegel (Grassoden) darauf, die Rasenbank ist fertig. Die Rasenziegel wachsen in wenigen Wochen an, und das Gras schiesst in die Höhe. Die Wurzeln verankern sich und geben Halt, so dass das „Möbel" schon nach ein bis zwei Monaten gebraucht und beansprucht werden kann. Die

201

Ein vertiefter Sitz-
platz erhöht das
Raum- und Gebor-
genheitsgefühl. Die
locker gebaute
Trockenmauer bie-
tet vielen Tieren
Unterschlupf.

Bank hält aber nur, wenn mit Humus und feuchter Erde
gebaut wird. Die Erde darf lehmhaltig sein. Bei kieshaltigem
Material hingegen fällt die Bank in sich zusammen.
Unterhalt: Sitzfläche und Wände mit der Heckenschere
vier- bis sechsmal im Jahr schneiden.

Graswall

Auf der Insel Texel in Holland werden die Felder nicht
durch Hecken oder Steinmauern abgegrenzt, sondern durch
Graswälle. Diese sind etwa 60 cm hoch, am Fuss 60 cm und
an der Krone 40 cm breit und sind mit Grasziegeln gebaut
worden.

202

Der Sitzplatz wurde im Hang eingegraben und mit Graswalltechnik ausgebaut.

Ausführung: Wir stechen mit dem Spaten ungefähr 20 cm × 30 cm grosse und 5 cm dicke Rasenziegel aus. Sie können ohne weiteres dicker sein, dann braucht es weniger. Aber je grösser, desto schwerer sind sie und desto mühsamer zu transportieren. Werden sie nicht sofort verbaut, deponieren wir sie auf einem Haufen. Im Herbst und Winter können wir sie wochenlang liegen lassen, im Frühjahr und Sommer allerdings nur drei bis vier Wochen, weil sie sonst verwachsen. Wir schichten Rasenziegel wie Backsteine aufeinander, drücken sie fest und achten streng darauf, dass sie sich überlappen. Entstehen Lücken, stopfen wir mit Erde und kontrollieren immer wieder, ob das Mäuerchen auch wirklich stabil ist. Den Grundriss wählen wir breiter (Mindestbreite 40 cm), die Krone schmäler. Je höher der Graswall, desto breiter muss er an der Basis sein, denn je breiter die Basis, desto stabiler der Wall.

Einen Nachteil hat unsere Graswalltechnik. Sie benötigt eine Unmenge Rasenziegel und eignet sich daher besonders dort, wo wir grosse Rasenflächen umgestalten und über genügend Rasenziegel verfügen. Reichen die vorhandenen

203

Rasenziegel nicht aus, wenden wir eine gemischte Technik an. Wir beginnen mit einer Schicht Rasenziegel, decken diese mit einer 5 bis 20 cm dicken Schicht Erde ab; dann folgt wieder eine Schicht Rasenziegel usw. Den Abschluss bilden Rasenziegel. Wichtig ist feuchtes Baumaterial, das gilt für die Rasenziegel wie für die Erde. Bis die Rasenziegel angewachsen sind und sich die Erde gesetzt hat, vergehen einige Wochen. Dann sind Graswälle aus Rasenziegeln recht stabil, eignen sich aber nicht zum Beklettern.

Unterhalt: Graswälle müssen zwei- bis sechsmal im Jahr mit der Heckenschere geschnitten werden.

Gartenmöbel aus Astmaterial

Gartenmöbel aus Astmaterial sind unkonventionell und praktisch. Müssen wir Weiden oder unsere Hecke schneiden und benötigen wir weitere Sitzgelegenheiten, so bauen wir mit den geschnittenen Ästen und Zweigen eine Weidenbank oder ein Astsofa. Beide brauchen wenig Pflege und trocknen nach dem Regen rasch. Weil die Sitzfläche aus aufeinander-geschichteten Zweigen besteht, federt sie und ist äusserst bequem.

Mit diesen Möbeln schaffen wir auch Lebensraum, Unterschlupf für Igel, Blindschleiche und Molche. Liegen die Möbel in der Sonne und ist die Umgebung naturnah gestaltet, locken sie vielleicht auch Eidechsen an und schützen sie im Gewirr der Äste vor Katzen.

Weidenbank

Wir legen 1 bis 2 m lange Weidenäste von verschiedener Dicke bereit (bis 4 cm Durchmesser, aber auch ganz feine Zweige). Für die Vorder- und Rückwand benötigen wir ungefähr 1 m lange Holzpfähle mit einem Durchmesser von 4 bis 6 cm. Da weiches Holz rascher verfault und häufiger ersetzt werden muss als hartes, verwenden wir Harthölzer wie Robinie, Eiche, Kiefer, Lärche oder Hainbuche.

Zuerst werden wir uns klar, welche Form wir wollen: eine klassisch gerade, eine halbmondförmige, eine runde oder eine wellenartig geschwungene Bank. Dann bereiten wir für die hintere Wand mit einem Locheisen 50 cm tiefe Löcher im Abstand von 60 bis 80 cm vor. Selbstverständlich müssen die Ecken der Bank aus Pfählen bestehen. Dann rammen wir die vorbereiteten Pfähle ein und achten darauf, dass 50 bis 60 cm aus dem Boden ragen. Dasselbe machen wir für die Vorderwand. Bauen wir die Bank an einen Graswall oder an ein steiles Bord, erübrigen sich die hinteren Pfähle. Graswall oder Bord bilden dann die Rückwand. Nun verflechten wir Weidenzweige um die Pfähle herum zu einer Wand und schichten gleichzeitig Äste und Zweige zwischen die Wände. Dickere Äste bilden den Boden, dünnere verwenden wir für die Sitzfläche. Damit die Bank stabil wird, setzen wir uns immer wieder auf die Äste und drücken sie zusammen. Wenn die gewünschte Sitzhöhe erreicht ist, sägen wir die Pfähle auf der Höhe der Sitzfläche ab.

Natürlich verrotten die untersten Zweige mit der Zeit. Kein Problem! Wir schichten einfach frische Äste auf die Sitz- fläche, bis sie wieder die ursprüngliche Höhe erreicht hat. Haben wir nicht genügend Weidenäste, nehmen wir andere dornenlose Gehölzarten wie Liguster, Birke, Erle oder Hainbuche.

Unsere Weidenbank ist weder mit Giftstoffen druckimpräg- niert, noch wurde sie aus Material „Kategorie Sondermüll" gefertigt, und das Material ist erst noch gratis. Gleichzeitig entziehen wir wieder Schnittgut dem Häckselschicksal: ein aktiver Beitrag zum Umweltschutz.

Astsofa

Noch einfacher entsteht ein Astsofa. Wenn Sträucher und Bäume geschnitten werden, ergattern wir das Schnittgut von dornenlosen Gehölzen. Wir brauchen 1 bis 3 m lange Äste. Gartenbauamt oder Gärtner liefern Schnittgut gratis, weil sie so die Kosten für das Häckseln sparen. Nun schichten wir die Äste auf- und ineinander, bis wir die gewünschte Sitz- höhe haben, zuunterst das dickere Material, oben die feinen Zweige, auf denen es sich bequem sitzen lässt. Wie bei der Weidenbank setzen wir uns immer wieder darauf, damit die Äste zusammengedrückt werden und das „Sofa" stabil wird. Je mehr Äste wir in die Sitzfläche und die Rückenlehne

205

Ein Astsofa ist ebenso bequem wie naturnah.

schieben, desto fester wird das Sofa. Werkzeuge brauchen wir keine. Viele Formen sind möglich. Besonders attraktiv ist ein Halbkreis oder Kreis. Hat er einen Durchmesser von 4 m, finden zehn Erwachsene oder 15 bis 20 Kinder spielend Platz. Wenn die bodennahen Äste zerfallen, schichten wir neue Äste auf die Sitzfläche, was ungefähr einmal im Jahr (Herbst) nötig ist.

Abgrenzungen

Gärten sind etwas Persönliches, gehören zum eigenen Reich. Kein Wunder also, dass eine Einfriedung seit alters dazugehört. Bevor wir den Garten einfrieden, überlegen wir, was für eine Aufgabe die Abgrenzung erfüllen soll, zum Beispiel
– Schutz vor fremden Blicken
– Geborgenheit geben
– Schutz vor Lärm
– Eindringen von Hunden vermeiden
Wir wählen selbstverständlich eine Abgrenzung, die naturgartengemäss ist, das heißt entweder aus lebenden Pflanzen oder Naturmaterial (Holz) besteht. Verzinkte Gitterzäune sind fehl am Platz, weil Regen Zink freisetzt und der Boden mit dem giftigen Schwermetall angereichert wird. Holzzäune sind beliebt, doch gibt es einige Vorbehalte: Überall dort, wo Holz den Boden berührt, droht Fäulnis. Deshalb wird Holz für Zäune praktisch immer mit chemischen Präparaten gegen Fäulniserreger behandelt, meistens kesseldruckimprägniert.
Je nach Art der chemischen Stoffe sind es mehr oder weniger starke Gifte. Die Imprägnierung erreicht jedoch meist nur die äusseren Holzschichten. Im Freien entstehen immer Risse, so dass die Feuchtigkeit in die unbehandelten inneren Schichten eindringt und diese verfaulen. Der Nutzen einer chemischen Holzbehandlung ist daher umstritten. Zudem ist behandeltes Holz Sondermüll, darf also nicht in einem gewöhnlichen Ofen verbrannt werden, weil giftige Gase freigesetzt werden. Wir empfehlen daher, widerstandsfähige Hölzer wie Lärche, Kiefer, Eiche und Robinie. Tropenhölzer kommen nicht in Frage, weil wir die Zerstörung der Urwälder nicht unterstützen wollen.

208

Lärmschutzwall aus
Weidengeflecht –
die grüne Alternati-
ve zu Beton (linke
Seite oben).

Bevor wir Abgrenzungsmöglichkeiten vorstellen, noch ein
Wort zum Lärmschutz. Es handelt sich um ein heikles Problem, das zu lösen oft auch für Fachpersonen schwierig ist.
Hecken alleine genügen als Lärmschutz nicht. Besser eignen
sich Erd-, Graswall oder Weidenflechtwerk mit Erdfüllung,
vorausgesetzt wir legen sie nahe an der Lärmquelle, zum
Beispiel einer Strasse, an. Die folgenden Abgrenzungsele-
mente bestehen entweder aus lebenden Pflanzen oder aus
Naturmaterial, das uns der Garten liefert. Einige sind unkonventionell, alle sind Lebensräume im kleinen.

Hecken

Hecken sind die vielseitigsten Abgrenzungen, weil erstens
jede einen andern Charakter hat und zweitens weil sie nicht
nur schützen, sondern auch ein reichhaltiges Biotop sind.
Hecken sind auch auf schmalen Streifen möglich. Einheimische Sträucher können ohne weiteres zu schmalen, wenn
nötig bis zu 80 cm niedrigen „Mäuerchen" geschnitten werden. (Die Abschnitte „Maxi-Zoo Hecke" und „Gehölze"
beschreiben die Möglichkeiten ausführlich.)

Erdwall und Graswall

Der Stangenzaun
ermöglicht eine na-
turnahe Abgren-
zung aus Schnittgut
(linke Seite unten).

Ein Erdwall bietet sich an, wenn ein Garten neu angelegt
wird und Aushubmaterial verwendet werden kann, so dass
dafür Transport- und Depotkosten gespart werden können.
Die bereits anwesenden Baumaschinen können zum Modellieren eingesetzt werden. Pflanzen wir auf dem Erdwall eine
Hecke, wird die Raumbildung betont und zusätzlich ein
Biotop geschaffen. Der Abschnitt „Sitzplätze" beschreibt,
wie ein Graswall gebaut wird.

Lärmschutzwall aus Weidengeflecht

In der Ingenieurbiologie werden alte Techniken neu entdeckt: Frisch geschlagene Weidenpfähle werde im Abstand
von etwa 70 cm in zwei parallelen Reihen in den Boden

gerammt. Der Abstand zwischen den beiden Reihen beträgt etwa 1 m. Dann werden frische Weidenzweige um die Pfähle der ersten Reihe zu einer Wand verflochten. Dasselbe geschieht in der zweiten Reihe. Die Wände können bis 4 m hoch geflochten werden. Der Leerraum zwischen den beiden Weidenwänden wird mit Erde aufgefüllt. Aus den Weidenpfählen spriesst bald neues Leben, und der verflochtene Wall mausert sich zu einer Hecke. Er ist billiger als eine Betonwand und bildet erst noch ein wertvolles Biotop, denn Weiden sind geschätzte Futterpflanzen, und in den Ritzen finden Blindschleichen und anderes Getier Unterschlupf. Lärmschutzwälle aus Weidengeflecht brauchen viel Sonne. Für schattige Lagen eignen sie sich nicht. Es empfiehlt sich, sie durch Fachleute erstellen zu lassen.

Literatur zum Thema: Boren 1989, Springer 1989, Wawra 1988

Astwall

Der Astwall ist ein ausgesprochenes Naturgartenelement, weil wir Schnittgut weiterverwenden und mit Totholz Lebensraum und Unterschlupf für viele Tiere schaffen. Wie beim Astsofa schichten wir Äste aufeinander und ineinander, etwa 80 cm hoch und ebenso breit. Je mehr Äste wir ineinander stossen, desto kompakter wird der Wall. Selbstverständlich kann er, wenn nötig, höher und breiter gebaut werden. Wir können Äste jeglicher Dicke verwenden, sogar kleine Stämme, die wir zuunterst versorgen. Wohl ist das Material gratis, aber das Aufschichten ist arbeitsaufwendig. Da das Totholz langsam zerfällt, müssen wir etwa alle zwei Jahre neue Äste hinzufügen. Oft wird ein Astwall vor eine frisch gepflanzte Hecke gebaut, um Schutz zu bieten, bis die Hecke gross genug ist.

Weidenzaun und Stangenzaun

Soll eine Abgrenzung wenig Raum beanspruchen und zum Beispiel das Eindringen von Hunden verhindern, eignen sich Weidenzaun und Stangenzaun. Beide können ohne be-

Verflochtener
Weidenzaun.

sonderes handwerkliches Geschick selbst gebaut werden.
Bau und Unterhalt des Weidenzauns sind aufwendiger als
beim Stangenzaun.

Anlage eines Weidenzaunes

1. Wir bereiten mit dem Locheisen auf einer Linie 30 cm
   tiefe Löcher vor im Abstand von ungefähr 50 cm. Dann
   schlagen wir 3 bis 5 cm dicke Pfähle aus widerstands-
   fähigem Holz (Hainbuche, Eiche, Robinie, Lärche oder
   Föhre) ein.
2. Um die Pfähle herum verflechten wir Weidenzweige oder
   Zweige von andern Gehölzen, deren Äste nicht allzu steif
   sind. Das Verflechten braucht Zeit, und der Zaun muss
   immer wieder ausgebessert werden. Wählen wir Pfähle
   aus frisch gefällten Weiden, schlägt mindestens ein Teil
   der Pfähle aus: Der Weidenzaun lebt und grünt. Weiden
   wachsen in sonniger Lage rasch. Die neuen Zweige verflechten wir regelmässig oder schneiden sie zurück.

Anlage eines Stangenzaunes

1. Wir schlagen auf zwei Linien Pfähle aus widerstands-
   fähigem Holz im Abstand von einem Meter ein, auf den
   beiden Linien versetzt. Der Abstand zwischen den beiden Reihen soll 5 bis 10 cm betragen. Die Höhe der Pfähle

211

hängt von der gewünschten Zaunhöhe ab. Sie müssen mindestens 30 cm länger als die gewünschte Höhe sein, weil wir sie 30 cm tief in den Boden schlagen.

2. Wir füllen 1,5 bis 4 m lange, möglichst gerade gewachsene Triebe und dicke Äste von Hasel, Hartriegel, Weiden und anderen zwischen die Pfähle, bis wir die gewünschte Höhe erreicht haben. Wenn die untersten Stangen vermodert sind und der Zaun langsam zusammensackt, füllen wir mit neuem Material auf.

Ein Holzzaun ist umweltverträglich: keine giftigen Farben, kein Schwermetall; er räumt mit Gehölzschnitt auf und braucht keine arbeitsaufwendige Pflege.

Literaturverzeichnis

Adler, Wolfgang; Oswald, Karl; Fischer, Raimund: Exkursionsflora von Österreich. Verlag Eugen Ulmer, Stuttgart 1994.

Aichele, Dietmar; Golte-Bechtle, Marianne: Was blüht denn da? Franckh'sche Verlagshandlung, Stuttgart 1997.

Althaus, C., et al.: Fassaden erfolgreich begrünen. Merkblatt des Bayerischen Landesverbandes für Gartenbau und Landespflege, Herzog-Heinrich-Strasse 21, D-80336 München.

Amann, Gottfried: Bäume und Sträucher des Waldes. Weltbildverlag, Augsburg 1993.

Beiderbeck, Rolf; Koevot, Ingo: Pflanzengallen am Wegesrand. Kosmos, Stuttgart 1979.

Beins-Franke; Heeb, J.: Begrünte Dächer. Bundesamt für Wald und Landschaft, Bern 1995. EMDZ, CH-3000 Bern.

Bellmann, Heiko: Spinnen, Krebse, Tausendfüsser. Mosaik Verlag, München 1989.

Bellmann, Heiko: Heuschrecken. Weltbild Verlag, Augsburg 1993.

Bellmann, Heiko: Spinnen. Franckh'sche Verlagshandlung, Stuttgart 1994.

Bellmann, Heiko: Bienen, Wespen, Ameisen. Franckh'sche Verlagshandlung, Stuttgart 1995.

Bellmann, Heiko: Leben in Bach und Teich. Mosaik Verlag, München 1996.

Benjes, Heinrich: Heilsames Durcheinander für Lehrer, Libellen und Kinder. Selbstverlag, Auf dem Brande 13, D-27367 Hellwege 1992.

Berger, Hans-Joachim; Guba, Eberhardt: Erfahrungen mit der Anlage von Benjes-Hecken. Naturschutz und Landschaftsplanung 26 (4), 1994.

Bezzel, Einhard: Vogelwelt – Spiegel unserer Umwelt. Rentsch Verlag, Zürich 1975.

Bezzel, Einhard: Vögel. BLV-Handbuch. BLV Verlagsgesellschaft, München 1995.

Bezzel, Einhard: Vögel beobachten, praktische Tips, Vogelschutz, Nisthilfen. BLV Verlagsgesellschaft, München 1996.

Blab, Josef: Grundlagen des Biotopschutzes für Tiere. Kilda Verlag, Greven 1993.

Blab, Josef; Vogel, Hannelore: Amphibien und Reptilien erkennen und schützen. BLV Verlagsgesellschaft, München 1996.

Blab, Josef; Kudrna, Otokar: Hilfsprogramm für die Schmetterlinge. Kilda Verlag, Greven 1982.

Blasche, Paul: Raupenkalender für das mitteleuropäische Faunengebiet. Kernen Verlag, Stuttgart 1955.

Boren, Christoph: Vegetative Lärmschutzwände. Der Gartenbau 7, 344–345, 1989.

Bringezu, Stefan: Populationsökologische Untersuchungen an Phytophagen-Entomophagen-Systemen der Brennessel. Hochschulverlag, Freiburg 1987.

Brodmann, Peter; Grossenbacher, Kurt: Die Amphibien der Schweiz. Veröffentlichungen aus dem Naturhistorischen Museum Basel, 1994.

Buch, Walter: Der Regenwurm. Eugen Ulmer, Stuttgart 1986.

Buhr, Herbert: Bestimmungstabellen der Gallen Mittel- und Nordeuropas. 2 Bände. VEB Fischer Verlag, Jena 1964/65.

Burri, Johannes: Blumenrasen: belastbar und artenreich. Der Gartenbau 17, 1997, 13–14.

Carter, David J.; Hardgreaves, Brian: Raupen und Schmetterlinge Europas. Verlag Paul Parey, Hamburg 1987.

Chinery, Michael: Pareys Buch der Insekten. Verlag Paul Parey, Hamburg 1993.

Davis, B. N. K.: Insects on nettles. Cambridge University Press, Cambridge 1983.

Dobler, Anna; Fleischer Wolfgang: Der Schwimmteich im Garten. Verlag Orac im Verlag Kremayr und Scheriau, Wien 1997.

Düll, Ruprecht, Kutzelnigg, Herfried: Botanisch-ökologisches Exkursionstaschenbuch. Quelle und Meyer Verlag, Heidelberg 1994.

Ebel, Karl-Gerhard, et al.: Grünflächen in Industrie- und Gewerbegebieten – Die Bedeutung für den Naturschutz. Bristol-Stiftung, Zürich 1997.

Ebert, Günter: Die Schmetterlinge Baden-Württembergs. 6 Bände. Verlag Eugen Ulmer, Stuttgart 1991–97.

Ellenberg, Heinz: Vegetation Mitteleuropas mit den Alpen. Verlag Eugen Ulmer, Stuttgart 1996.

Engelhardt, Wolfgang: Was lebt in Tümpel, Bach und Weiher? Franckh'sche Verlagshandlung Stuttgart 1996.

Fechtner, R.; Flakner, G.: Weichtiere. Mosaik Verlag München 1991.

Flückiger, Robert, et al.: Bodenkunde. Landwirtschaftliche Lehrmittelzentrale, CH-3052 Zollikofen 1993.

Gatter, Wulf; Schmid, Ulrich: Die Wanderung der Schwebfliegen

214

(Diptera, Syrphidae) am Randecker Maar. Spixiana Suppl. 15, München Juli 1990.

Gigon, Andreas et al.: „Blaue Liste" der erfolgreich erhaltenen oder geförderten Tier- und Pflanzenarten der Roten Liste. Schweizerischer Wissenschaftsrat, Bern 1996.

Godet, Jean-Denis: Unsere Gehölze. Arboris Verlag, Bern 1993.

Hausser, J.: Säugetiere der Schweiz. Verbreitung, Biologie, Ökologie. Birkhäuser Verlag, Basel 1995.

Hecker, Ulrich: Bäume und Sträucher. BLV-Verlagsgesellschaft, München 1995.

Heinzel, Hermann, Fitter, Richard; Parslow, John: Pareys Vogelbuch. Parey Buchverlag, Berlin 1996.

Hintermann, Urs, et al.: Mehr Raum für die Natur. Ziele, Lösungen, Visionen im Naturschutz. Ott Verlag, CH-Thun 1996.

Hüllbusch, Karl Heinrich: Eine pflanzensoziologische „Spurensicherung" zur Geschichte eines „Stücks Landschaft". Landschaft und Stadt 18 (2), 1986.

Jacobs, Werner; Renner, Maximilian: Biologie und Ökologie der Insekten, Gustav Fischer Verlag, Stuttgart 1988.

Joncs, Dick: Der Kosmos Spinnenführer. Franckh'sche Verlagshandlung, Stuttgart 1990.

Kaltenbach, Thomas; Küppers, Peter Victor: Kleinschmetterlinge. Verlag J. Neumann-Neudamm, Melsungen 1986.

Klausnitzer, Bernhard und Hertha: Marienkäfer. Die Neue Brehmbücherei 451. Spektrum, Heidelberg 1996.

Knieriemen, Heinz: Kunststoffe – Grundbausteine der Natur oder Hülle aus Gift und Gasen? Natürlich 3, 1990, Seite 7–10.

Köhler, Manfred; et al.: Fassaden- und Dachbegrünung. Verlag Eugen Ulmer, Stuttgart 1993.

Kumpfmüller, Markus; Eder, Wolfgang: Schwimmteich bauen – Kein Problem? Institut für Angewandte Umwelterziehung, Wieserfeldplatz 22, A-4400 Steyr 1993.

Lang, Angelika: Spuren und Fährten unserer Tiere. BLV Verlagsgesellschaft, München 1991.

Lang, Gerhard: Einheimisch, eingebürgert, fremd. Eine Orientierung über botanische Begriffe. Der Gartenbau 9, 1990, 426 ff.

Langer, Silvia; Fladt Traude; Blessing, Karin: Natur erleben mit Kindern. Verlag Eugen Ulmer, Stuttgart 1996.

Lauber, Konrad; Wagner, Gerhart: Flora Helvetica. Verlag Paul Haupt, Bern 1996.

Leutert, Fredy; Winkler, Andreas; Pfaendler, Ulrich: Naturnahe Gestaltung im Siedlungsraum. Bundesamt für Wald und Landschaft, 1995. Zu beziehen bei Eidgenössische Material-Zentrale (EDMZ), CH-3000 Bern.

Loidl-Reisch, Cordula: Der Hang zur Verwilderung. Picus Verlag, Wien 1986.

Ludwig, W. Herbert: Tiere in Bach, Tümpel und See. BLV Verlagsgesellschaft, München 1993.

Müller, Andreas; Krebs, Albert; Amiet, Felix: Bienen. Naturbuch Verlag, Augsburg 1997.

Muus, Bent J.; Dahlström, Preben: Süsswasserfische. BLV Verlagsgesellschaft, München 1993.

Nachtigall, Werner: Lebensräume. BLV Verlagsgesellschaft, München 1988.

Neuenschwander, Eduard: Schöne Schwimmteiche. Verlag Eugen Ulmer, Stuttgart 1993.

Oberdorfer, Erich: Pflanzensoziologische Exkursionsflora für Süddeutschland. Verlag Eugen Ulmer, Stuttgart 1994.

Oberholzer, Alex: Tiere in Bach und Weiher. Eine einfache Bestimmungshilfe für wirbellose Süsswassertiere. Schweiz. Zentrum für Umwelterziehung des World Wildlife Fund (WWF), WWF Schulservice, Zürich 1989.

Oberholzer, Alex; Lässer, Lore: Naturgarten. Hallwag Verlag, Bern 1984.

Oberholzer, Alex; Lässer, Lore: Gärten für Kinder. Naturnahe Schul- und Familiengärten. Verlag Eugen Ulmer, Stuttgart 1995, 3. Auflage.

Odermatt, Stefan: Sieben Jahre naturnaher Rasen „NARA" – ein erstes Fazit. Der Gartenbau 17, 1997, Seite 29–30.

Reichholf, Josef: Siedlungsraum. Mosaik Verlag, München 1989.

Reichholf, Josef; Steinbach, Gunter: Die grosse Enzyklopädie der Insekten. Mosaik Verlag, München 1994.

Röser, Bernd: Saum- und Kleinbiotope. Ecomed Verlagesellschaft, Landsberg am Lech 1988.

Rothschild, Miriam: The Butterfly Gardener. Lane Charitable Trust for Conservation 1983.

Ruge, Klaus: Vogelschutz. Verlag Otto Maier, Ravensburg 1989.

Schauer, Thomas; Caspari, Claus: Der grosse BLV Pflanzenführer. BLV Verlagsgesellschaft, München 1996.

Schreiber, Rudolf L.: Tiere auf Wohnungssuche. Deutscher Landwirtschaftsverlag, Berlin 1993.

Schulze, Andreas: Vogeltips für Jedermann. Ehrenwirth Verlag, München 1994.

Schwab, Helmut: Süsswassertiere. Ernst Klett Schulbuchverlag, Stuttgart 1995.

Schwarz, Urs: Naturgarten. W. Krüger Verlag, Frankfurt/M. 1980.

Schweizerischer Bund für Naturschutz: Schmetterlinge und ihre Lebensräume. Band 2. Basel 1997.

Schweizerischer Bund für Naturschutz: Tagfalter und ihre Lebensräume. Basel 1987.

Springer, Michael: Weidenflechtwerk, lebende Zäune und vegetative Lärmschutzwände. Grünstift 5, 1989, Seite 44–46.

216

Steck, Pascale: Artenvielfalt im Siedlungsraum. Schweizer Bund für Naturschutz, Basel 1995

Steiner, Hans: Nützlinge im Garten. Verlag Eugen Ulmer, Stuttgart 1994, 2. Auflage.

Stutz, Hans-Peter B.; Haffner, Marianne: Aktiver Fledermausschutz, Bände 1–3. Koordinationsstelle Ost für Fledermausschutz, Zürich 1992/93.

Tischler, Wolfgang: Ökologie der Lebensräume. Gustav Fischer Verlag, Stuttgart 1990.

Tuffnel, Richard; Rumpe, Frank; Ducommun Alain: Trockenmauern. Stiftung Umwelteinsatz Schweiz, Steffisburg 1996.

Turcek, Frantisek J.: Ökologische Beziehungen der Vögel und Gehölze. Verlag der Slowakischen Akademie der Wissenschaft, Bratislava, 1961.

Vogtmann, Hartmut: Ökologischer Gartenbau. Stiftung ökologischer Landbau, Bad Dürkheim 1990.

Wawra, Andreas: Vegetative Lärmschutzwand aus Weidengeflecht. Deutscher Gartenbau 16, 1988, Seite 1000–1004.

Weissenfeld, Peter: Holzschutz ohne Gift? Ökobuch Verlag, Staufen bei Freiburg 1988.

Westrich, Paul: Die Wildbienen Baden-Württembergs. 2 Bände. Verlag Eugen Ulmer 1987.

Wildermuth, Hansruedi: Safari vor der Haustüre. Silva Verlag, Zürich 1996.

Willerding, Ulrich: Zur Geschichte der Unkräuter Europas. Karl Wachtholz Verlag, Neumünster 1986.

Winkelmann, Peter; Hunziker, Urs: Schätzung der Zierrasenfläche der Schweiz. Bundesamt für Umweltschutz, 1983.

Winkler, Andreas; Salzmann, Hans C.: Das Naturgartenhandbuch. Verlag Aargauer Tagblatt, Aarau 1989.

Zingg, Robert: Wie orientiert sich der Igel? Igel Bulletin 15, 1996

Zingg, Robert: Aktivität sowie Habitat- und Raumnutzung von Igeln in einem ländlichen Siedlungsgebiet. Zentralstelle der Studentenschaft, Zürich 1994.

Zingg, Robert: Aktivität sowie Habitat- und Raumnutzung von Igeln. Igel Bulletin 14 1995.

Zucchi, H.: Tierwelt eines städtischen Gartens. Bedeutung naturnaher Flächen für den urbanen Artenschutz. Naturschutz und Landschaftsplanung, 27 (5), 169–175, 1995.

Zwölfer, Helmut: Hecken als ökologische Systeme. Mitt. dtsch. Ges. allg. Angew. Ent. 3, 1981, Seite 9–10.

Zwölfer, Helmut: Die Bewertung von Hecken aus tierökologischer Sicht. ANL 5, 1982.

Zwölfer, Helmut: Pflanzenschutz und Artenvielfalt. Daten und Dokumente zum Umweltschutz, Stuttgart 1983, Seite 121–131.

Wichtige Adressen (Natur- und Umweltverbände und andere Organisationen)

Deutschland

Naturgarten e.V.
Verein für naturnahe Garten-
und Landschaftsgestaltung
Görrestrasse 33
80798 München

Bund für Umwelt und Naturschutz Deutschland (BUND)
Bundesgeschäftsstelle
Im Rheingarten 7
53225 Bonn

Bundjugend im Bund für
Umwelt- und Naturschutz
Deutschland
Friedrich-Breuer-Strasse 86
53225 Bonn

Naturschutzbund Deutschland
(NABU)
Bundesgeschäftsstelle
Herbert-Rabius-Strasse 26
53225 Bonn

Naturschutzjugend im
Naturschutzbund Deutschland
Bundesgeschäftsstelle
Königsträssle 74
70597 Stuttgart

Landesbund für Vogelschutz in
Bayern (LBV)
Kirchenstrasse 8
91161 Hilpoltstein

WWF
Hedderichstrasse 10
60596 Frankfurt

Deutsche Umwelthilfe (DUH)
Güttingerstrasse 19
78315 Radolfzell am Bodensee

Greenpeace e.V.
Vorsetzen 53
20450 Hamburg

Akademie für Natur und
Umwelt des Landes Schleswig-
Holstein
Karlstrasse 169
24537 Neumünster

Akademie für Naturschutz
und Landschaftspflege bei der
Thüringer Landesanstalt für
Umwelt
Prüssingsstrasse 25
07745 Jena

Bayerische Akademie für
Naturschutz und Landschaftspflege (ANL)
Seethaler Strasse 6
83410 Laufen/Salzach

Internationale Naturschutz-
akademie
Insel Vilm (INA)
Aussenstelle des Bundesamtes
für Naturschutz
18581 Lauterbach (Rügen)

218

Landeslehrstätte für Naturschutz und Landschaftspflege
„Oderberge Lebhus"
15326 Lebhus, Brandenburg

Landeslehrstätte für Umwelt
und Naturschutz
Müritzhof imNationalpark
Mecklen-Vorpommern
Am Teufelsbruch 1
17192 Waren/Müritz

Landesumweltakademie
Sachsenanhalt e.V.
Schlossstrasse 1
06642 Nebra

Naturschutzzentrum Hessen
e.V. (NHZ)
Friedenstrasse 38
35578 Wetzlar

Naturschutzzentrum
Nordrhein-Westfalen (NZ)
Leibnitzstrasse 10
45659 Recklinghausen

Alfred Toepfer Akademie für
Naturschutz
Hof Möhr
29640 Schneverdingen

Akademie für Natur- und
Umweltschutz beim
Ministerium für Umwelt und
Verkehr Baden-Württemberg
Kernerplatz 9
70182 Stuttgart

Niederlande
Stiftung Oase
Klosterstraat 7
6641 KW Beuningen

Österreich
Naturgarten e.V.
Verein für naturnahe Garten-
und Landschaftsgestaltung
Karin Böhmer
3623 Voitsau 8

Österreichischer Naturschutzbund (OENB)
Arenbergstrasse 10
5020 Salzburg

Österreichische Gesellschaft
für Vogelkunde
Burgring 7
1014 Wien

Arbeitsgemeinschaft Umwelterziehung (ARGE)
Brockmanngasse 53
8010 Graz

Oberösterreichische Umwelt-
akademie beim Amt der O.Ö.
Landesregierung
Stockhofstrasse 32
4020 Linz

Niederösterreichische Umwelt-
akademie
Akademie für Umwelt und
Energie
Schlossplatz 1
2361 Laxenberg

Italien (Südtirol)
WWF Bozen
Egger-Lienz-Strasse 1A
39100 Bozen

Dachverband für Natur- und
Umweltschutz
Kornplatz 10
39100 Bozen

219

Arbeitsgemeinschaft für Vogelkunde und Vogelschutz
Postfach 146
39012 Meran

Ökoinstitut Südtirol
Talfergasse 2
39100 Bozen

Schweiz
Pro Natura
ehemals Schweizerischer Bund
für Naturschutz (SBN)
Wartenbergstrasse 22
4052 Basel

WWF Schweiz
Postfach
8010 Zürich

Schweizer Vogelschutz (SVS)
Zurlindenstrasse 55
8036 Zürich

Schweizerische Vogelwarte
Sempach
6204 Sempach

Verein für naturnahe Garten-
und Landschaftsgestaltung
(VNG)
Postfach
4805 Brittnau

Greenpeace Schweiz
Postfach
8031 Zürich

Koordinationsstelle für Amphi-
bien- und Reptilienschutz in
der Schweiz (KARCH)
Naturhistorisches Museum
Bernastrasse 15
3005 Bern

Verein Pro Igel
Postfach 200
8910 Affoltern

Fledermausschutz SSF/KOF
Winterthurerstrasse 190
8057 Zürich

Stiftung Umweltbildung
Schweiz
Rebbergstrasse 6
4800 Zofingen

Bildquellen

Zeichnungen
Die Zeichnungen fertigte Franz Rüegger, Solothurn, nach Ideen
und Vorlagen der Autoren.

Farbfotos
Felix Amiet, Solothurn: Seite 48, 51.
Franz Oberholzer, Solothurn: Titel (kleines Bild), Seite 4, 18, 27, 43
mitte, 69 links, 86, 88, 89, 90, 106, 135 (beide).
Dr. Hermann Thomas, Dresden: Seite 99.
Alle anderen Aufnahmen stammen von Alex Oberholzer, Solo-
thurn.

Register

221

Die Deutsche Bibliothek – CIP-Einheitsauf-
nahme

Oberholzer, Alex:
Ein Garten für Tiere : Erlebnisraum Natur-
garten / Alex Oberholzer und Lore Lässer. –
Stuttgart (Hohenheim) :
Ulmer, 1997
    ISBN 3-8001-6625-9

© 1997 Eugen Ulmer GmbH & Co.
Wollgrasweg 41, 70599 Stuttgart (Hohenheim)
Printed in Germany
Lektorat: Agnes Pahler
Herstellung: Jürgen Sprenzel
Satz: Typomedia Satztechnik GmbH, Ostfildern
Druck und Bindung: Friedr. Pustet, Regensburg

Vorschläge zum Weiterlesen ...

Gärten für Kinder. *Naturnahe Schul- und Familiengärten. Dr. Alex Oberholzer, Lore Lässer. 3., überarbeitete Auflage 1995. 168 Seiten, 57 Farbfotos, 12 Farbzeichnungen, 49 Zeichnungen. Kt. ISBN 3-8001-6595-3.* In diesem Buch geht es um Gärten, in denen Kinder mit natürlichen Materialien ungehindert spielen können, wo Gräben, Hügelburgen, Weidenhäuser, Rasenbänke, Wasserbereiche, Kies- und Sandanlagen zu vielseitigen Aktivitäten anregen. Es sind also durchweg naturnahe Gärten mit einheimischen Pflanzen. Die Autoren haben die Idee vom kindgerechten Garten mehrfach verwirklicht. Ihre Erfahrungen geben sie in zahlreichen handfesten Anleitungen zur Planung, Anlage und Pflege von Kindergärten, Schulanlagen und Privatgärten wieder. Daneben finden sich zahlreiche Anregungen, wie man die Natur erleben und beobachten kann. Aus dem Inhalt: Ausführen. Gehölze. Blumen. Wasser im Garten. Wege und Plätze. Sitzplätze. Nutzgarten. Kompost. Spieleinrichtungen. Gefahren.

Natur erleben mit Kindern. *Karin Blessing (Hrsg.), Silvia Langer, Traude Fladt. 1997. 192 Seiten, 86 Farbfotos, 31 Zeichn. (Ulmer Taschenbuch 70, Doppelband). Kt. ISBN 3-8001-6870-7.* Aus einem Holunderast eine Flöte schnitzen, den Libellen bei ihren akrobatischen Flugmanövern zuschauen oder aus selbst geernteten Kartoffeln leckere Pommes frites zubereiten - das sind Erlebnisse, die Kinderherzen höher schlagen lassen. In diesem Buch werden 11 Naturräume - vom Gemüsegarten bis zu Wegen und Zäunen - vorgestellt, in denen Kinder Natur erleben, wahrnehmen und "begreifen" können. Für jeden Lebensraum werden kurz die wichtigsten ökologischen Grundlagen erläutert. Es folgen Tips und Anregungen für Erlebnisspiele, Naturbeobachtungen mit Kindern und für praktische, handwerkliche Beschäftigungen in der Natur. Das Buch bietet für alle wichtigen Natur-Erlebnisräume unzählige Anregungen dafür, was man mit Kindern und Jugendlichen in der Natur unternehmen und erleben kann.